DENK
SELBST!

Jörg Bernardy
Philosophische
GEDANKEN
sprünge

Jörg Bernardy

DENK SELBST!

Philosophische
GEDANKEN
sprünge

BELTZ
& Gelberg

Inhalt

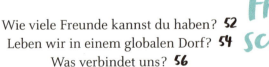
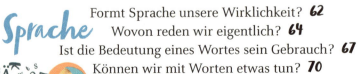

Liebe

Gesellschaft

Medien

Sinn

INS ABENTEUER DES Denkens SPRINGEN

Wer den Sprung ins Abenteuer des Denkens wagt, stellt Fragen, die nicht aus dem Stand beantwortet werden können. Wenn man anfängt, über sie nachzudenken, kann es passieren, dass man am Ende mehr Fragen als Antworten hat. Selbst denken erfordert Mut, aber es macht auch Lust auf Neues. Dabei muss man manchmal auf unbequeme Erkenntnisse gefasst sein. Oder man verstrickt sich in Widersprüche, die einen bis an die Grenzen des Denkens führen. Als Belohnung erwarten einen bisher vielleicht noch verborgene Welten des Denkens.

Bis an die Grenzen der Vorstellungskraft

Die Unendlichkeit des Universums ist unvorstellbar. Sie ist nur mithilfe mathematischer Formeln begreifbar. Die Unendlichkeit eines Kreises ohne Anfang und Ende hingegen kann man sich vorstellen.

SELBST DENKEN SCHAFFT HANDLUNGSFREIHEIT

Sich selbst im eigenen Denken zu begegnen ist ein spannendes Abenteuer, das jeder Mensch erleben kann. Dieses Buch fordert deine gewohnten Sichtweisen heraus, und es könnte sein, dass du dein Leben und die Wirklichkeit nach dem Lesen anders wahrnimmst. Selbst denken ermöglicht neue

Spielräume im Leben: Wer anders denkt, kann anders handeln. Denken ohne Handeln bleibt leer, Handeln ohne Denken blind! Mit dem Aben-

»Die Philosophie ist keine Lehre, sondern eine Tätigkeit.«
Ludwig Wittgenstein

teuer der Selbsterkenntnis kann man nur etwas dazugewinnen, selbst dann, wenn man einsieht, dass man in seinem Leben gar nicht viel ändern möchte. Aber Vorsicht: Selbst denken ist ein Prozess, den man nicht mehr rückgängig machen kann. Wer sich selbst hinterfragt und verändert, der kann auch ein Stück weit die Welt verändern.

Stelle eine Frage, ...

die du sofort beantworten kannst.

auf die es mehrere Antworten gibt.

die jemand anderes besser beantworten kann.

die du nur beantworten kannst, wenn du in einem Buch nachschlägst.

Welche dieser Fragen interessiert dich am meisten?

DENK DEIN EIGENES LEBEN!

Beginnend beim Ich bewegt sich dieses Buch über die Natur, Tiere und die Mitmenschen bis zum Sinn des Lebens. Im Mittelpunkt steht fast immer der Mensch in seiner Beziehung zu sich und zu anderen, ganz egal, ob es um Freundschaft, Liebe, Sprache, Gesellschaft oder Medien geht. Die großen Fragen des Lebens werden dabei in konkrete Alltagssituationen geholt und deine eigene Erfahrung hilft dir, den Antworten näherzukommen: Um zu verstehen, was Gerechtigkeit ist, forschen wir beispielsweise im Familienalltag nach. Das Thema Liebe beginnt mit der einfachen Frage, ob du dir aussuchen kannst, in wen du dich verliebst. Im Kapitel über Tiere wird danach gefragt, welchen Einfluss unser Essverhalten auf unser Denken über Tiere hat. Und bei der

Frage »Wie individuell bin ich wirklich?« wird all das thematisiert, was wir in unserem Leben mögen und was wir so tagtäglich machen. Der Blick auf die Bedingungen des eigenen Lebens und auf die Gesellschaft regt dazu an, die eigene Gegenwart und Zukunft mit anderen Augen zu betrachten.

Ein philosophischer Weg, Fragen anzugehen, sind Gedankenspiele: Man tut so, als wäre das, was man sich vorstellt, Wirklichkeit. Gedankenspiele gehen oftmals von radikalen Annahmen aus und erfinden mögliche Welten, in denen sich besonders klare Gegensätze und Konflikte des Denkens zeigen. Solche Gedankenexperimente können einem ziemlich einfach, aber auch merkwürdig konstruiert oder widersprüchlich vorkommen, anderes wiederum regt einen

»Denken ohne Geländer.«
Hannah Arendt

direkt zum Weiterdenken an. Beim Betreten dieser möglichen Welten weiß man niemals so genau, wohin es geht und wo man am Ende wieder herauskommt! Du entscheidest, wie weit du gehen willst: Genau darin liegt die Freiheit des Selbstdenkens.

Das Buch ist in alle Richtungen offen: Man kann von jedem Kapitel aus in das Buch springen. Beim Mit- und Weiterdenken kann es übrigens passieren, dass einem ein bestimmter Gedanke aus einem Teil an anderer Stelle wiederbegegnet. Für Aha-Effekte dieser Art sollte man seinen Geist und seine Augen ruhig offen halten! Du darfst und sollst nicht nur mit den Augen lesen, sondern auch mit den Ohren, mit deinem Körper und mit allen Sinnen. Philosophie und Selbstdenken beginnen mit Wahrnehmung und leiblicher Erfahrung. Du darfst dir Zeit lassen und deine eigenen Fragen und Antworten entwickeln. Denn was bringt es einem, die Gedanken und Worte anderer nachzuplappern?

Philosophische
Mission Auf welche Frage suchst du eine Antwort?

GIBT ES *mich* ÜBERHAUPT?

Dass es mich gibt, ist doch selbstverständlich. Ich habe ein Ich-Gefühl, auch wenn es bei näherem Hinsehen vielleicht kein sehr klares Gefühl ist. Intuitiv ist mein Ich in jedem Augenblick da. Aber kann ich mir wirklich so sicher sein, dass ich existiere? Und wie nehme ich mich als Ich eigentlich wahr? Was macht dieses Ich-Gefühl aus, das für mich so selbstverständlich ist? Ich kann mich in meinen linken Oberarm kneifen und schon merke ich ziemlich deutlich, dass ich existiere. Logisch erklären oder naturwissenschaftlich beweisen lässt sich dieses Ich jedoch nicht. Das Ich ist eines der selbstverständlichsten und zugleich rätselhaftesten Phänomene in meinem Leben. Das menschliche Ich ist im wahrsten Sinne des Wortes widersprüchlich, es ist paradox. Die einen Philosophen behaupten, es sei real und unsere einzige Gewissheit. Die anderen meinen, dass unser Ich eine bloße Illusion ist.

Eine berühmte philosophische Methode, um der Wahrheit des Ich näher zu kommen, ist der Zweifel an allem, was wir sinnlich wahrnehmen. Sie stammt von dem französischen Rationalisten René Descartes. Wenn ich will, kann ich zunächst einmal alles anzweifeln: Ich kann mir genau genommen nicht sicher sein, dass die Welt wirklich existiert. Es könnte sein, dass mein Leben bloß ein Traum ist, den ich träume. Oder was, wenn ich an eine Maschine angeschlossen wäre, die mir die Realität nur vortäuscht? Alles, was ich erlebe, könnte also nicht real sein. Wie aber kann ich mir dann sicher sein, dass ich existiere?

»Ich denke, also bin ich.«
René Descartes

Probier es doch mal aus: Jeder kann behaupten, dass die gesamte Existenz nur Schein ist. Alles, was du siehst, hörst und schmeckst, könnte beispielsweise eine Täuschung deiner Sinne sein. Ebenso könnte dein Verstand dir einen Streich spielen und die ganze Welt wäre in Wirklichkeit bloße Einbildung. Deine Gefühle, deine Gedanken und deine Empfindungen täuschen dir nur vor, dass es da draußen eine Welt gibt. Aber kannst du auch dich selbst und deine Existenz anzweifeln? Wenn die Welt aus sinnlichen Eindrücken besteht und wenn man all diese Eindrücke von ihr abzieht, was bleibt dann noch übrig? Es bleibt die einfache und schlichte Tatsache, dass ICH zweifle.

SIND MEIN KÖRPER UND ICH ZWEI *getrennte* DINGE?

»Ich denke, also bin ich.« Dieser Satz könnte der Beweis für meine Existenz sein! Wenn es da nicht noch ein paar kleine Probleme gäbe. Denn erstens setzt man damit sein denkendes Ich einfach voraus, ohne es zu begründen. Um das »Ich bin« zu beweisen, verwendet man den selbst noch unbewiesenen Satz »Ich denke«. Zweitens setzt dieser Satz voraus, dass das Ich und der menschliche Körper zwei verschiedene Dinge sind. Der Philosoph René Descartes sprach von einer geistigen und einer ausgedehnten Substanz. Der Geist ist die denkende Substanz, mein Ich, das sich nicht sinnlich erfassen lässt. Mein Körper hingegen ist eine in Raum und Zeit ausgedehnte Substanz, die man sinnlich wahrnehmen kann. Geistige Erkenntnis und mein Denken auf der einen Seite, sinnliche Wahrnehmung und mein Körper auf der anderen Seite. Die Vorstellung, dass der wahrnehmende Körper und der denkende Geist grundverschiedene Substanzen sind, war über eine lange

Zeit für viele Menschen plausibel. In der Alltagserfahrung wird die Vorstellung allerdings ziemlich fragwürdig. Kann ich ernsthaft glauben, dass mein Körper nicht existiert? Wie soll das überhaupt möglich sein, dass Körper und Geist getrennt sind? Und vor allem stellt sich dann die Frage: Wie sind sie miteinander verbunden, wenn ich spreche, denke und handle? Übrigens: Bis heute ist das Problem von Geist und Materie nicht gelöst. Auch in den Naturwissenschaften gibt es hier nach wie vor eine Erklärungslücke.

IST DAS ICH EINE *Funktion* DES GEHIRNS?

Stell dir vor, dein Nachbar ist ein Zombie! In der Philosophie ist ein Zombie eine Person ohne subjektives Innenleben. Ansonsten verhält sich der Zombie jedoch wie ein ganz normaler Mensch. Er steht morgens auf, frühstückt, geht zur Arbeit und verfolgt seine Hobbys. Sein Verhalten ist identisch mit dem eines Menschen. Der einzige Unterschied ist, dass der Zombie dabei nichts fühlt. Er kennt keine Subjektivität, d. h., er hat kein inneres Erleben. Wie und woran würdest du erkennen, dass dein Nachbar ein Zombie ist?

Die Neurowissenschaften haben in den letzten Jahrzehnten versucht, das Ich neu zu bestimmen. Der Ort, an dem das Ich erklärbar wird, ist das Gehirn. Das menschliche Denken ist für die Neurowissenschaften nicht das Produkt eines menschlichen Geistes. Denken ist ein Zusammenspiel aus Molekülen, Neuronen und Nervenzellen, die das erzeugen, was wir als subjektives Bewusstsein erleben. Alle Gedanken, Wünsche und Gefühle sind nichts anderes als Gehirnvorgänge. So wie Wasser nichts anderes als eine Ansammlung von

> »Zum Denken gehört nicht nur
> die Bewegung der Gedanken,
> sondern ebenso ihre Stillstellung.«
> Walter Benjamin

H2O-Molekülen ist. Unser Ich ist daher bloß eine Funktion unseres Gehirns. Weil hier alles Geistige auf materielle Prozesse reduziert wird, nennt man diesen Ansatz in der Philosophie auch Materialismus. Neurowissenschaftlich ist mein Ich etwas ganz anderes, als ich denke und subjektiv erlebe.

Für einige Neurowissenschaftler und Philosophen ist das Ich eine mentale Fiktion. Ein subjektives Konstrukt, das für das Überleben nicht weiter benötigt wird. Es ist letztlich nur ein unerklärlicher Nebeneffekt unseres Gehirns, der keinen Mehrwert für das Überleben der menschlichen Spezies hat. Vielleicht könnten die Menschen viel besser leben und handeln, wenn sie nicht ständig von Emotionen, Gefühlen und Stimmungen getrieben wären? Aus dieser Perspektive macht es keinen bedeutsamen Unterschied, ob wir Zombies sind oder Menschen mit subjektivem Erleben.

DAS ICH IST NICHT HERR IM EIGENEN HAUS

Das, was wir als Menschen bewusst erleben, macht nur einen Bruchteil unseres Bewusstseins aus. Es heißt, dass wir nur ungefähr 10 Prozent unserer Gehirnkapazität bewusst nutzen. Das meiste wird von uns also gar nicht bewusst verarbeitet und erlebt. Es geschieht unbewusst. Wie können wir uns da sicher sein, dass das Ich-Bewusstsein eine so entscheidende Rolle spielt? Einige Philosophen und Wissenschaftler behaupten, dass das Unbewusste eine viel größere Rolle in unserem Leben spielt, als wir glauben. Sie gehen sogar teilweise so weit, zu sagen, dass das Ich gar nicht von bewussten Entscheidungen gelenkt wird. Unbewusste Triebe, Wünsche und Willensregungen haben ihrer Meinung nach einen wesentlichen Einfluss auf unsere Entscheidungen. Das Ich sei nicht Herr im eigenen

WER DENKT IN MIR: GEIST, KÖRPER ODER BEIDES ZUSAMMEN?

Bereits in der Antike stritten sich die Philosophen darüber, wie Körper und Geist zusammenhängen. Manche glaubten, Körper und Geist seien getrennt und nach dem Tod gehe ein Teil des Geistes (die Seele) in die Ewigkeit ein. Andere meinten, Körper und Geist müssten miteinander verbunden sein. Der menschliche Geist bestehe aus Materie und sterbe mit dem Körper. Dieser uralte Streit ist unter dem Namen Leib-Seele-Dualismus bekannt geworden und zieht sich wie ein roter Faden durch die Philosophie. Bis heute bleibt es ungeklärt, wie Körper und Geist miteinander kommunizieren und funktionieren könnten, wenn sie getrennte Substanzen wären.

Haus, meinte der Psychoanalytiker Sigmund Freud. In der Philosophie gibt es einen alten Streit darüber, ob das menschliche Ich von einer bewussten Vernunft oder einem unbewussten Willen regiert wird. Fest steht, dass viele Gehirnprozesse unbewusst ablaufen. Das meiste, was unser Gehirn macht, bekommen wir gar nicht mit. Wahrscheinlich würden wir sonst auch verrückt werden, denn wir wären mit der Menge an Informationen und Eindrücken total überfordert. Auch hier bin ich also viel mehr, als ich denke und wahrnehme. Wie weit aber reicht mein Unbewusstes? Habe ich so etwas wie ein unbewusstes Wissen?

Gedankenexperiment mit Tomatenrot

Kennst du Mary? Mary ist Farbexpertin. Sie beherrscht alle physikalischen Fakten über menschliche Farbwahrnehmung. Sie kann dir haargenau erklären, wie die Retina von Augen und die Wellenlängen von Farben funktionieren. Allerdings hat sie bisher in einem Labor ohne Farben gearbeitet. Sie hat nur Schwarz, Weiß und Grau mit eigenen Augen gesehen. Sie weiß aber alles, was Menschen über Farben sagen und denken.

Eines Tages darf Mary ihr farbloses Labor verlassen. Plötzlich sieht sie all das mit eigenen Augen, woran sie über Jahre geforscht hat: echte Farben! Wenn Mary nun eine Tomate sieht, dann gibt es zwei Möglichkeiten:

1
Sie weiß erst beim Anblick einer reifen Tomate, was ein Tomatenrot ist. Obwohl sie alles über die Farbe »Tomatenrot« wusste, erfährt und versteht sie erst jetzt, wie die Rotempfindung einer Tomate ist.

2
Da sie bereits in allen Details wusste, was die Rotempfindung einer reifen Tomate ausmacht, fügt das Seherlebnis einer reifen Tomate der Erfahrungswelt von Mary nichts Neues hinzu.

Was glaubst du, welcher Schluss ist richtig?
Hat Mary etwas Neues dazugelernt?
Oder ist subjektives Erleben überflüssig?

KANN MAN DAS *Ich* ERLEBEN?

Wenn man einem anderen Menschen gegenübersteht, dann nimmt man ihn nicht als Körper und Geist wahr, die getrennt voneinander sind. Man nimmt sein Gegenüber auch nicht als Zombie ohne Innenleben wahr. In der direkten Begegnung ist der andere kein verborgener Geist, der irgendwo hinter seiner Stirn zu lokalisieren wäre. Vielmehr erleben wir das andere Ich als eine lebendige Person.

Ein Problem kann man nicht mit derselben Denkweise lösen, durch die es entstanden ist, soll Albert Einstein gesagt haben. Drehen wir die Frage nach dem Ich doch einmal um: Fangen wir mit dem Körper und unserer Wahrnehmung an. Denn im Gegensatz zu meinem Ich kann ich meinen Körper sehen, wahrnehmen und spüren: Wie rieche ich? Wie höre und wie fühle ich mich an? Wer sich diese Fragen stellt, nähert sich seinem Ich mit den Sinnen und über den eigenen Körper. Für den deutschen Philosophen Helmuth Plessner hat der menschliche Körper einen doppelten Charakter: Man hat einen Körper und man ist ein Körper.

Unser Körper ist nämlich kein Gegenstand wie eine Tasche oder ein Tisch, auf den wir einfach von außen draufschauen können. Im Alltag bleibt der eigene Körper für uns größtenteils unsichtbar und unbemerkt. Hast du schon mal versucht, dich selbst beim Sehen zu sehen?

HAT DER KÖRPER EIN GEDÄCHTNIS?

Wer den PIN-Code seiner Bankkarte vergisst, dem kann es helfen, wenn er vor dem Bankautomaten steht und die Tastatur anschaut. Da unsere Erinnerung an den PIN-Code mit dem räumlichen Bewegungs- und Sehsinn unseres Körpers verknüpft ist, fällt einem die Zahlenabfolge genau in dem Moment wieder ein, wenn man die Bewegung simuliert. Man spricht daher auch von einem Bewegungsgedächtnis des Körpers – ein Beispiel für den Zusammenhang zwischen Körper und Geist.

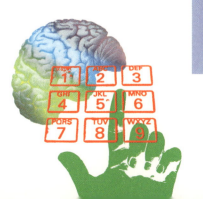

Das Auge bleibt im Akt des Sehens unsichtbar, d.h., wir sehen das Auge nicht, wenn wir uns etwas anschauen (es sei denn, wir schauen in den Spiegel, aber dann sehen wir eben nur ein Spiegelbild unserer Augen!). Sehen, Hören und Gehen vollziehen wir im Alltag meist automatisch. Die Automatisierung unserer Bewegungen ist typisch dafür, einen Körper zu haben. Der menschliche Körper merkt sich Erfahrungen, er speichert und automatisiert bestimmte Abläufe. Beim Schwimmen und Fahrradfahren ist es zum Beispiel so, dass wir die Abläufe einmal lernen und verinnerlichen und sie dann unser ganzes Leben lang abrufen und ausführen können.

Die doppelte Berührung

Gib einem Freund oder einer Freundin die Hand. Verschränkt eure Hände so, dass sich die Fingeraußenkanten berühren, dass jede Hand die Hand des anderen umschlingt.

Nun spüre die Wärme in deiner Hand. Lenke deine Aufmerksamkeit auf die Stellen, an denen du die Hand des anderen berührst. Kannst du die Wärme der anderen Hand spüren? Du machst gerade die Erfahrung einer doppelten Berührung.

Du berührst und erlebst gleichzeitig, wie du berührt wirst. In dieser doppelten Berührung ist es kaum noch möglich, zwischen innen und außen, zwischen aktiver und passiver Berührung zu unterscheiden.

Wie ist dein Körperbild?

Mache eine kurze Liste in Stichworten: Woran denkst du bei »Körper«? Was verbindest du mit »Leib«?

Beschreibe das Bild, das du hast, wenn du dir deinen Körper vorstellst! Jetzt beschreibe, wie sich dein Leib anfühlt: Wie lange kannst du deine Eigenempfindung bewusst aufrechterhalten?

JEDER MENSCH HAT EINE GANZ BESTIMMTE EIGENEMPFINDUNG

Was wir im Alltag einfach unseren Körper nennen, hat zwei Dimensionen: Er ist einerseits wie ein Gegenstand, den man betrachten und bearbeiten kann (wenn man sich zum Beispiel die Haare schneidet). Andererseits ist er etwas, das man ist und nur von innen erlebt. Bei dieser zweiten Dimension sprechen einige Philosophen, die Phänomenologen, vom Leib und von leiblicher Erfahrung. Der Leib ist das individuelle Empfinden, ein Gefühl für und im eigenen Körper, das man anderen Menschen oft nicht genau mitteilen kann.

In der leiblichen Erfahrung kann man sich selbst als ein fühlendes und handelndes Ich wahrnehmen. Wo stehe ich? Wie erlebe ich mein Stehen, Schauen und Gehen im Raum? Wie nehme ich von dort aus die Gegenstände im Raum wahr? Die Frage, ob es mein Ich überhaupt gibt, taucht hier gar nicht auf. Im inneren Erleben lautet die Frage vielmehr, wie sich dieses Ich anfühlt.

Wo befindest du dich gerade? Auf der Couch? Oder fährst du Bus? Nehmen wir an, du sitzt im Bus. Du nimmst deine Mitfahrer wahr, den Innenraum des Busses und die Landschaft, durch die du fährst. Jede deiner Wahrnehmungen wird von einer sogenannten Eigenempfindung begleitet. Deine Eigenempfindung beinhaltet ein Gefühl davon, wie du im Raum sitzt, wie du deine Arme und Beine hältst, aber auch, wie du dich durch den Raum bewegst. Die Eigenempfindung ist ein Gefühl für deine Körperhaltung und für deinen Blickwinkel, von dem aus du den Raum um dich herum wahrnimmst. Unsere Eigenempfindung erweitern wir meist problemlos auf andere Gegenstände und Räume. Beim Busfahren wird der Innenraum des Busses ein Teil von uns. Wir entwickeln ein Gefühl dafür, wie nah der Bus an andere Autos heranfährt und wie weit der Abstand bis zur nächsten Ampel, bis zum Bordstein oder bis zur nächsten Bushaltestelle ist.

Ist die Haut die Grenze meines Leibes?

Im Alltag sprechen wir manchmal von einer Stimmung oder Atmosphäre, die wir irgendwo erlebt haben. Denk zum Beispiel an eine warme und drückende Gewitterluft. Oder an die Stille im Klassenzimmer, wenn eine Klausur geschrieben wird. Wie macht sich die Atmosphäre bemerkbar? Wo spürst du leiblich, was in der Luft liegt oder was sich scheinbar im ganzen Raum befindet?

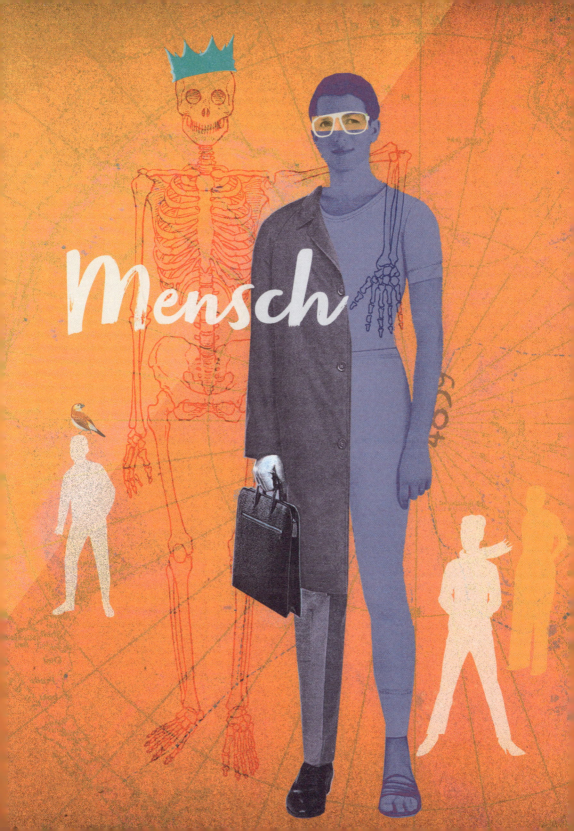

Mensch

IST DER MENSCH DAS *schlaueste* TIER?

Evolutionär gesehen gibt es zwei Dinge, die den Menschen auszeichnen: sein komplexes Gehirn und die Tatsache, dass der Mensch dieses Organ meist unterhalb seines Potenzials einsetzt. Vor etwa drei Millionen Jahren, so sagen die Wissenschaftler, ist etwas Außergewöhnliches passiert: Die Gehirne unserer Vorfahren sind schneller gewachsen als ihre Körper. Soweit man weiß, ist dieses plötzliche Gehirnwachstum nur bei uns Menschen und bei Delfinen aufgetreten. Wieso ist das Gehirn plötzlich schneller gewachsen als der Körper? Einen stichfesten Grund dafür können die Wissenschaften bisher nicht angeben. Ist die beeindruckende Größe des menschlichen und delfinischen Gehirns reiner Zufall? Auf jeden Fall ist dieser Wachstumsprozess die Ursache dafür, dass der Mensch sich mit einer besonderen Intelligenz ausgestattet sieht. Die Entwicklung der menschlichen Intelligenz ist ein komplexer Vorgang in der Evolution, der an viele Faktoren und Bedingungen gebunden ist.

> »Der Mensch ist das Maß aller Dinge.«
> Protagoras

Für den US-amerikanischen Entwicklungspsychologen Michael Tomasello ist nicht das Gehirn, sondern die menschliche Kommunikation der wichtigste Schlüssel zum Verständnis der menschlichen Gattung. In der Entwicklung der menschlichen Kommunikation spielen folgende Aspekte eine wesentliche Rolle:

1. Menschen sind starke Kooperationspartner:
Die Besonderheit ihrer Intelligenz beruht nicht zuletzt auf einer stark ausgeprägten sozialen Intelligenz, die verbindliche Beziehungen und Zusammenarbeit mit anderen erlaubt. Wichtigste Voraussetzung hierfür ist die Möglichkeit geteilter Intentionalität, d. h., dass man gemeinsame Absichten und Ziele miteinander abstimmt.

2.

Der Mensch ist ein Kommunikationstalent:
Der wichtigste Schritt in der menschlichen Evolution war die symbolische Kommunikation, die über Zeichen und Zeigen funktionierte. Gesten und Pantomime sind Urformen der menschlichen Kommunikation, mit denen sich die Menschen bereits ohne Sprache verständigt haben.

3.

Menschen sind Erfinder und Tüftler:
Die Erfindung, die Herstellung und der Einsatz von primitiven Werkzeugen stellen einen weiteren Meilenstein in der menschlichen Evolution dar. Sie haben das räumliche, logische und symbolische Denken des Menschen angeregt und so die Entwicklung der menschlichen Sprache beschleunigt.

Daraus folgt, dass der Mensch ein außergewöhnliches Sprachtalent ist: Die Entwicklung unserer heutigen Sprachvielfalt von der mündlichen Sprache bis zur Schriftsprache, in der symbolische und mündliche Kommunikation zusammenkommen, ist das Ergebnis der erfolgreichen Kooperation und Kommunikation unserer Vorfahren.

BEST-OF DER MENSCHLICHEN NATUR: WAS IST DER MENSCH?

1. Der Mensch ist ein rationales Tier, ein *zoon logikon*! Schon die alten Griechen dachten, dass sich der Mensch durch sein Denkvermögen vom Tier unterscheidet. Es spricht allerdings einiges dafür, dass auch Tiere denken können.

2. Der Mensch ist in seinem Kern ein soziales Tier, das auf Kommunikation und emotionale Nähe angewiesen ist und in Gruppen oder Staaten mit einer politischen Öffentlichkeit lebt. *Zoon politikon* nannte Aristoteles diese Eigenschaft: Der Mensch ist ein Gemeinschaftstier!

3. Als der britische Naturwissenschaftler Charles Darwin im 19. Jahrhundert sein Buch *Über die Entstehung der Arten* in England veröffentlicht, reagieren seine Kritiker panisch. Der Mensch stammt vom Affen ab, behauptet der Erfinder der Evolutionstheorie. Skandal!

4. Eine berühmt-berüchtigte Eigenschaft des Menschen ist laut Friedrich Nietzsche: der Wille zur Macht! Sehr beliebt in diesem Zusammenhang ist die Annahme, dass der Mensch im Kern ein Egoist ist. Der britische Evolutionsbiologe Richard Dawkins will sogar ein Egoismus-Gen gefunden haben.

5. Der Mensch ist das, wozu er sich macht! Einen besonderen Dreh hat der französische Philosoph Jean-Paul Sartre: Der Mensch hat gar kein vorgegebenes Wesen, sondern er muss sich selbst entwerfen.

WAS IST DAS *Wesen* DES MENSCHEN?

Die Essenz geht der Existenz voraus – diese These, erläutert am Beispiel eines Brieföffners, stammt aus der Feder des französischen Philosophen Jean-Paul Sartre. Zweck und Gebrauch eines Gegenstands entscheiden demnach über sein Wesen. Gilt dies auch für den Menschen? Als Begründer des französischen Existenzialismus glaubt Sartre, dass sich der Mensch einem übergeordneten Plan und Zweck entzieht. Der Mensch ist nicht wie ein Brieföffner zu einem bestimmten Zweck geschaffen worden. Da der Mensch keinen vorgegebenen Zweck und kein ursprüngliches Wesen hat, das ihm bei seiner Geburt mitgegeben worden wäre, ist es bei ihm genau umgekehrt: Die Existenz geht dem Wesen und der Essenz voraus.

»Der Mensch ist nichts anderes als das, wozu er sich macht«, behauptet Sartre. In seinem Existenzialismus ist der Mensch das Wesen, das kein Wesen hat. Er ist wie ein Chamäleon, das alles aus sich machen kann. Jeder Mensch kann sich und sein Wesen selbst definieren. Diese Freiheit des Menschen bedeutet jedoch auch, dass er Verantwortung für sich und seine Handlungen übernehmen muss. Jeder Mensch muss sich seinen Zweck im Leben selbst geben und ist für seine Entscheidungen selbst verantwortlich.

DAS WESEN DES BRIEFÖFFNERS

Stell dir vor, wie der Brieföffner erfunden wurde. Jemand muss die Idee gehabt haben, ein solches Werkzeug herzustellen. Wahrscheinlich wusste er ziemlich genau, wie es aussehen musste: scharf genug, um Papier zu schneiden, aber stumpf genug, damit man sich nicht daran verletzt. Es muss aus geeignetem Material bestehen und die richtige Form besitzen. Wie bei allen Werkzeugen ist das Wesen des Brieföffners also durch seinen Gebrauch und Verwendungszweck bestimmt. Es ist unvorstellbar, dass es einen Brieföffner gibt, ohne dass jemand wüsste, wozu er zu gebrauchen ist. Die Essenz des Brieföffners, das, was ihn ausmacht, geht damit der Existenz eines ganz bestimmten und konkreten Brieföffners voraus.

Ist der Mensch mit dieser Verantwortung überfordert? Kann und muss er sich selbst seinen eigenen Sinn und Zwecke im Leben geben? Vielleicht ist der Mensch aber auch einfach nur sehr vergesslich und hat im Laufe der Zeit den Bezug zu seinem ursprünglichen Wesen verloren. Der deutsche Existenzphilosoph Martin Heidegger attestiert dem Menschen im 20. Jahrhundert eine Seinsvergessenheit, die ihn von seinem Dasein und seiner wahren Existenz entfremdet. Er hat das Gespür für sein wahres Wesen verloren und vertreibt sich seine Zeit mit allerlei Dingen, bevorzugt mit Technik und anderem Spielzeug. Was war jetzt noch gleich das ursprüngliche Wesen des Menschen?

Ist der Mensch ein Chamäleon?

Ist das Wesen eines Gegenstandes bestimmt durch seinen Zweck und seinen Gebrauch?

Wenn ich eine Nagelfeile nur dazu verwende, Briefe zu öffnen: Macht dann mein Gebrauch aus der Nagelfeile einen Brieföffner?

Hat der Mensch in seinem Leben wirklich keinen Zweck?

Kannst du frei wählen, wie und wer du sein willst?

Bist du, WOZU DU fähig BIST?

Die amerikanische Philosophin Martha C. Nussbaum gehört einer Reihe von Philosophen an, die es für notwendig halten, das Wesen des Menschen zu bestimmen. Dies hat vor allem einen praktischen Grund: Überall auf der Welt wollen Regierungen, Wissenschaftler und Organisationen wissen, wie die Lebensqualität in ihrem Land ist. Was aber ist damit überhaupt gemeint? Was macht ein Leben lebenswert? Um diese Frage zu beantworten, muss man erst einmal die Natur des Menschen definieren.

Denn bei der Ermittlung von Lebensqualität geht es nicht nur um materielle Güter und finanzielle Möglichkeiten. Ein menschenwürdiges Leben umfasst auch Fähigkeiten, Chancen und Möglichkeiten. Martha C. Nussbaum entwirft daher eine Liste mit bestimmten Grundfähigkeiten, die ein Mensch entwickeln können muss, um ein gutes Leben zu führen. Die Fähigkeiten-Liste ist bewusst allgemein gehalten, damit sie für jede Kultur und jede Gesellschaft mit eigenen Werten und Inhalten angereichert werden kann:

1 Es gehört zur Lebensqualität, dass das eigene Leben nicht vorzeitig beendet wird und dass das Leben so lange dauert, bis es nicht mehr lebenswert ist.

2 Die Fähigkeit, sich gesund und fit zu halten mit entsprechender Ernährung, mit einer angemessenen Unterkunft und der Möglichkeit, seine sexuellen Bedürfnisse zu befriedigen. Wichtig hierfür ist auch die Möglichkeit und Freiheit, sich von einem Ort zu einem anderen bewegen zu können.

3 Die Vermeidung von unnötigem Schmerz und die Erfahrung von harmonischen Erlebnissen.

4 Alle Menschen sollten die Fähigkeit haben, ihre fünf Sinne zu verwenden, Vorstellung und Fantasie zu entwickeln, eigenes Denken und Urteilskraft auszubilden.

5 Die Erfahrung von Liebe, Trauer, Sehnsucht und Dankbarkeit und die Fähigkeit, den eigenen Empfindungen und Gefühlen Ausdruck zu verleihen. Die Möglichkeit, Beziehungen zu Personen und Dingen außerhalb unserer selbst zu haben. Die Fähigkeit, diejenigen zu lieben, die uns lieben und sich um uns kümmern.

6 Für sich selbst definieren, was das Gute im Leben ist und was das eigene Leben lebenswert macht: die Fähigkeit zur kritischen Reflexion der eigenen Lebensplanung.

7 In Gemeinschaft mit anderen Menschen leben und die Verbundenheit mit anderen Menschen erfahren. Die Vielfalt unterschiedlicher familiärer Bindungen und sozialer Beziehungen erleben.

8 Die Verbundenheit mit der Natur erkennen und die Fähigkeit, eine Beziehung zu Pflanzen und Tieren aufzubauen.

9 Die Fähigkeit zur Erholung, zum Lachen, zum Spielen, zur Freude und zu Freizeitaktivitäten!

10 Die Möglichkeit, sein eigenes Leben ohne äußere Zwänge zu leben.

Sein Leben im eigenen Umfeld und im eigenen Kontext zu leben.

11

WOBEI HILFT DER BEFÄHIGUNGSANSATZ?

Die Bestimmung der menschlichen Grundfähigkeiten ist wichtig, um zu wissen, welche Aufgaben der Politik bei der Befriedigung menschlicher Bedürfnisse zukommen. In der Wissenschaft spricht man deshalb auch vom Befähigungsansatz. Er liefert zum Beispiel die Grundlagen für den *Index der menschlichen Entwicklung (Human Development Index)*, der von den Vereinten Nationen zur weltweiten Messung von Wohlstand und Armut erhoben wird. Lange haben sich Wissenschaftler bei der Untersuchung der menschlichen Lebensqualität auf das Einkommen und die materiellen Güter und Ressourcen beschränkt. Der Befähigungsansatz lenkt den Blick auf Grundbefähigungen und Verwirklichungschancen, über die Menschen verfügen müssen, um ihr Leben erfolgreich zu gestalten. So kann man die Lebensqualität von Menschen auf der ganzen Welt einschätzen, egal in welcher Kultur sie leben. Die moralischen Werte und kulturellen Gewohnheiten einer Gesellschaft sollten so beschaffen sein, dass jeder seine Grundfähigkeiten entwickeln kann.

SIND WERTE allgemeingültig?

Die Philosophin Martha C. Nussbaum vertritt die Position, dass man aus einer intensiven Untersuchung der menschlichen Geschichte eine allgemeingültige Definition vom Wesen des Menschen gewinnen kann. Diese Position nennt man Essenzialismus bzw. Universalismus, da sie voraussetzt, dass Werte und Rechte universell gelten. Das beste Beispiel hierfür sind die Menschenrechte, die überall und zu jeder Zeit gültig sein sollen. Die Menschenrechte setzen eine menschliche Natur mit Grundfähigkeiten voraus, die für alle Menschen gleich gelten soll. Der Anspruch allgemeiner Gültigkeit von Werten ist wichtig, damit praktische Handlungen und politische Maßnahmen in der Welt begründet werden können. Wenn alles relativ ist, so befürchten die Essenzialisten, wäre alles zu rechtfertigen – auch Verstöße gegen grundlegende Menschenrechte. Soll die Weltgemeinschaft zuschauen, wenn in einem Land Frauen misshandelt werden? Oder wenn die Zivilbevölkerung unter einem Krieg leidet und Menschenrechte verletzt werden? Eingriffe in gesellschaftliche Strukturen und rechtliche Änderungen in einer Kultur sind auf eine rationale Rechtfertigung angewiesen, die idealerweise allgemeingültig ist.

ANDERE KULTUR, ANDERE WERTE

In der Philosophie gibt es einen Streit zwischen Essenzialismus bzw. Universalismus einerseits und Relativismus andererseits. Die Essenzialisten behaupten, dass es universelle Werte gibt, die überall auf der Welt und zu jeder Zeit allgemeingültig sind. Die Relativisten halten dagegen, dass Werte relativ sind, weil sie von Kultur, historischer Erfahrung, Kontext und der jeweiligen Gesellschaft abhängen. Ist beispielsweise Freundschaft ein universeller Wert, der für alle Menschen auf gleiche Weise gilt? Und was ist mit der Grundbefähigung zu sexueller Befriedigung und Gesundheit? Haben alle Menschen gleiches Anrecht darauf?

Die Relativisten kritisieren außerdem, dass es insgesamt zu viele unterschiedliche Werte und Fähigkeiten gibt, um sie alle umsetzen und verwirklichen zu können. Zudem können sie in einen Konflikt miteinander treten. Wenn man einem älteren Menschen im Bus seinen Sitzplatz anbietet, verhält man sich höflich. Andererseits unterstellt man dem Älteren damit eine Gebrechlichkeit, die vielleicht gar nicht zutrifft und ihn verletzt. Der Respekt vor dem Alter kann so in Konflikt geraten mit dem Gebot, andere nicht zu verletzen. Sind die Bedürfnisse und Fähigkeiten eines Menschen nicht sehr unterschiedlich und individuell ausgeprägt? Liegen ihnen nicht individuell verschiedene Wertungen zugrunde?

Werte entscheiden über unser Leben und das Leben anderer

Dürfen wir unser Leben selbst beenden, wenn es für uns nicht mehr lebenswert ist?

Wie weit dürfen wir das Recht auf Bewegung, Sex und eine eigene Wohnung von Menschen einschränken, die im Gefängnis sind?

Welche Hilfe brauchen Kinder, die in Familien mit häuslicher Gewalt aufwachsen?

Sollte jeder Mensch mit verschiedenen Sprachen und Kulturen aufwachsen, um vergleichen zu können?

Die Frage, ob Werte, Bedürfnisse und Fähigkeiten subjektiv sind, trifft in das Zentrum der Kultur selbst. Für die Relativisten sind Werte, Bedürfnisse und Fähigkeiten nicht nur subjektiv, sondern auch relativ. Sie hängen von den vorherrschenden moralischen Werten und Gewohnheiten einer Kultur ab. Kulturelle Gewohnheiten und moralische Werte stehen in einem komplexen Verhältnis zueinander, und es gibt diesbezüglich große Unterschiede in den Kulturen. Zum Beispiel gehört es in manchen islamischen Ländern zum Alltag, dass sich Frauen in der Öffentlichkeit verschleiern. Ob sich eine Frau allerdings komplett oder nur teilweise verschleiert, ist wiederum regional bedingt und von der individuellen Interpretation der moralischen Wertung abhängig. In unserem Alltag ist die Verschleierung von Frauen ein ungewohntes Phänomen, da die moralische Wertung für uns nicht direkt nachvollziehbar ist. Was ist uns beim kulturellen Phänomen der Verschleierung wichtiger: die Gültigkeit der menschlichen Grundfähigkeiten oder die Anerkennung der moralischen Werte einer anderen Kultur? Macht denn die Verschleierung eine menschliche Grundfähigkeit unmöglich? Und hat die Gleichstellung von Mann und Frau universelle Gültigkeit, unabhängig von Kultur und moralischer Praxis?

Gute Drogen, schlechte Drogen: Welche Begründung für welche Werte?

In unserer Gesellschaft ist allgemein anerkannt, dass Alkohol und Zigaretten ungesund sind. Trotzdem sind sie ab einem bestimmten Alter legal zu kaufen und jeder kann selbst entscheiden, ob er diese Stoffe zu sich nimmt. In welchem Verhältnis stehen hier die Werte Gesundheit, Freiheit und Verantwortung des Menschen? Wer entscheidet, welche Werte wichtiger als andere sind? Inwiefern ist der persönlichkeitsverändernde Konsum von Alkohol zu rechtfertigen, der Konsum von anderen persönlichkeitsverändernden Drogen wie Cannabis hingegen nicht?

Natur

WIE *natürlich* IST UNSERE NATUR?

Wie viel Erdbeere steckt eigentlich im Erdbeerjoghurt? Damit sich ein Joghurt »Fruchtjoghurt« nennen darf, muss er mindestens sechs Prozent Frucht enthalten. Dieser kleine Fruchtanteil reicht allerdings meist nicht für ein volles Erdbeeraroma. Viele Lebensmittel sind daher mit künstlichen Aromen versetzt. Ob am Frühstückstisch oder beim Spaziergang im Park, Natur und Naturprodukte begegnen uns in veränderter und kultivierter Form. Flüsse werden begradigt und gestaut, Wälder und Naturgebiete werden eingezäunt und gepflegt, Seen, Felder und Parks werden künstlich angelegt.

Was wir unter Natur verstehen, hat viel damit zu tun, wie wir uns als Menschen verstehen. Einerseits ist der Mensch selbst natürlich und durch die Natur gemacht. Andererseits wird der Mensch als ein Wesen verstanden, das sich seine eigene Natur und seine Kultur schafft. Aristoteles bezeichnete die menschliche Kultur in diesem Sinne auch als die zweite Natur des Menschen. Es ist also charakteristisch für den Menschen, dass er seine Natur und seine Umwelt verändert.

WELCHEN WERT HAT DIE NATUR?

Die Frage nach dem Umgang mit der Natur betrifft den Menschen selbst. Die klassische Position ist, dass die Natur anhand ihres Nutzens für den Menschen zu bewerten und entsprechend zu schützen ist. Diese Position stellt den Menschen in den Mittelpunkt der Bewertung und wird als Anthropozentrismus bezeichnet. Der Mensch genießt eine Art Vorrangstellung, da der Wert der Natur an ihrem Nutzen für den Menschen gemessen wird. In früheren Zeiten wurde der Mensch daher auch oft als Herr oder Herrscher über die Natur bezeichnet. Umwelt- und Naturschutz sind vor allem deswegen notwendig, um die menschliche Gattung zu erhalten.

Welche Rolle spielt Natur in deinem Leben?

Bist du auf dem Land oder in der Stadt aufgewachsen?

Gibt es eine Naturerfahrung aus deiner Kindheit, die prägend für dich war?

Es gibt aber noch andere Positionen und Alternativen zum Anthropozentrismus. Für den Pathozentrismus stehen beispielsweise das Leid der Natur und das Mitleid des Menschen mit der Natur im Mittelpunkt. Alles, was Leid empfinden kann, verdient unser Mitgefühl und den Schutz durch den Menschen. Der Biozentrismus hingegen geht von der Lebendigkeit der Natur aus und behauptet, dass nicht nur leidensfähige Wesen, sondern jedes lebendige Wesen schützenswert ist. Alles, was lebt, will leben und ist deswegen schutzbedürftig: mit diesem Satz wird der moralische Anspruch begründet, dass alles Lebendige auch leben soll und nicht mutwillig oder grundlos zerstört werden darf. Wie alle lebendigen Wesen hat auch die Natur einen eigenen Wert, der unabhängig vom Menschen geachtet werden soll.

Was ist zum Beispiel mit Pflanzen? Können Bäume Schmerzen empfinden oder sind sie schon allein deshalb schützenswert, weil sie lebendig sind? Wie können wir mit unserem Klima Mitleid haben, wie mit dem Meer, mit einem Berg oder mit unserer Erdatmosphäre mitfühlen?

Im holistischen Ansatz wird die Natur zusammen mit dem Menschen als ganzheitlicher und lebendiger Weltorganismus betrachtet. Hier zählt vor allem die Ganzheit der belebten und unbelebten Natur und nicht nur jedes einzelne Lebewesen. Man begreift den Menschen als unmittelbar durch die Natur gemacht und betont seine Eingebundenheit in sie. Weil der Mensch ein Teil des Ganzen ist, muss er in seinem Denken und Handeln auch das Ganze berücksichtigen. Im lebendigen Weltorganismus hängt alles mit allem zusammen.

WAS HEISST HIER NATÜRLICH?

Wir unterscheiden zwischen natürlich und künstlich oder menschengemacht, als wären es zwei prinzipiell verschiedene Dinge. Die Grenzen sind jedoch fließend, und was wir als natürlich ansehen, ist oftmals durch den Menschen kulturell verändert worden. Dass wir etwas als natürlich empfinden, ist vor allem eine Frage unserer Gewohnheiten.

Der Hund war beispielsweise früher ein in freier Wildbahn lebender Wolf, der vom Menschen zum Haus- und Zuchttier domestiziert wurde. Das Schmerzmittel Aspirin andererseits wird zwar chemisch hergestellt, allerdings basiert der Wirkstoff Acetylsalicylsäure auf einer Substanz aus der Weidenrinde.

SIND WIR FÜR
DIE ZUKUNFT
DER NATUR
verantwortlich?

Egal, welchen Wert man der Natur beimisst, allein schon aus egoistischen Gründen sollten die Menschen sie schützen. Wenn die Menschen langfristig überleben wollen, müssen sie Verantwortung für die Natur übernehmen. Das gilt nicht nur für die Gegenwart, sondern ebenso für die Zukunft. Nicht nur wir wollen eine saubere Natur, auch zukünftige Generationen auf der Erde sollen ein gutes Leben haben. Zur Erhaltung der eigenen Existenz gehört in diesem Sinne auch, keine unumkehrbaren Risiken zu verursachen, beispielsweise durch nicht recyclingfähigen Atommüll, der in einigen Jahrhunderten noch Schaden anrichten kann.

Die Erhaltung der natürlichen Ressourcen ist nur eine Seite unserer Verantwortung gegenüber der Natur. Weil Verantwortung und Umweltschutz ein Problembewusstsein und ein bestimmtes Wissen voraussetzen, gehören auch die Erziehung und Bildung der nachfolgenden Generationen dazu. Verantwortung gegenüber der Natur ist nicht zuletzt eine politische Aufgabe. Die Staaten müssen gemeinsame Ziele vereinbaren und sich gegenseitig unterstützen. Darüber sind sich die meisten Philosophen und sehr viele Menschen wahrscheinlich ziemlich einig. Wie kommt es, dass wir trotzdem die Existenz des Menschen und den Erhalt der Erde gefährden?

WAS MACHT DAS HANDELN BEI UMWELTPROBLEMEN SO SCHWIERIG?

Alle schauen zu und niemand tut etwas. In der Wissenschaft ist dieses Phänomen unter dem Namen Zuschauer-Effekt bekannt. Je mehr Menschen von einem Problem wissen und in diesem Sinne Zuschauer davon sind, desto größer ist die Wahrscheinlichkeit, dass niemand eingreift und das Problem geduldet oder sogar ignoriert wird. Ganz konkret tritt der Zuschauer-Effekt bei dramatischen Verkehrsunfällen und gewalttätigen Überfällen in der Öf-

Made by Nature

Mach eine Liste mit Dingen, die aus der Natur kommen und auf die du in deinem Alltag angewiesen bist!

fentlichkeit auf, wenn Menschen kollektiv zu passiven Zuschauern erstarren. Ein ziemlich widersprüchliches Phänomen, denn der gesunde Menschenverstand würde ja sagen, dass es genau umgekehrt ist: Je mehr Menschen von einem Problem wissen und es beobachten, desto wahrscheinlicher müsste es sein, dass jemand aktiv eingreift oder eine Lösung findet. Bei einfachen und leicht zu behebenden Problemen stimmt dieser Grundsatz manchmal auch. Bei komplexen Problemen mit dramatischen Risiken und unübersichtlichen Nebenwirkungen wie der Umweltverschmutzung tritt der Zuschauer-Effekt jedoch in besonderem Maße ein. Jeder kennt das aus seinem Alltag. Du warst vielleicht auch schon einmal wütend, als du davon gehört hast, dass die Regenwälder auf verantwortungslose Weise abgeholzt werden. Wie hast du deinen Gefühlen konkret Ausdruck verliehen und was hast du unternommen?

Bei Umweltproblemen kommt erschwerend hinzu, dass die Risiken für viele Menschen im eigenen Alltag unsichtbar sind und die Folgen nicht direkt eintreten. Denk hier zum Beispiel an die Überfischung der Meere, an das Schmelzen der Polkappen oder an die Abholzung der Regenwälder. Die Ereignisse liegen zwar in der Gegenwart, aber die langfristigen Auswirkungen erleben wir erst in der Zukunft. Das Problem beginnt allerdings damit, dass der Regenwald und die Zukunft der nachkommenden Generationen so weit weg sind. Die zeitliche und räumliche Entfernung hindern den Menschen daran, sein Wissen um die Umweltprobleme und sein Handeln in Einklang zu bringen.

»Denken wie ein Berg.«
Aldo Leopold

DENKEN WIE EIN BERG

Für viele Umweltaktivisten und einige Philosophen geht es um das richtige Problembewusstsein und darum, wie wir Umweltprobleme bewerten. Man unterscheidet hierbei zwischen einer Oberflächen-Ökologie und einer Tiefen-Ökologie. Die Oberflächen-Ökologie nimmt sich einzelne Umweltprobleme vor, um dann von außen auf sie einzuwirken. Die Umweltverschmutzung will sie beispielsweise mithilfe von Technologien lösen, indem sie Luft und Wasser reinigt und die Verschmutzung gleichmäßig verteilt. Die Tiefen-Ökologie schlägt einen neuen Bewertungsmaßstab vor und will die Haltung des Menschen gegenüber der Natur verändern. Bei der Beurteilung von Umweltproblemen sollen nicht nur der menschliche Lebensstandard und die Gesundheit des Menschen als Maßstab genommen werden. Die Orientierung an einer ganzheitlichen Lebensqualität soll die Lebensbedingungen aller lebendigen

IM EINKLANG MIT DER NATUR LEBEN ODER AUFRUF ZU ZIVILEM UNGEHORSAM?

»Ich wandle mit gar seltsamer Freiheit in der Natur umher; ich bin ein Teil von ihr. Wenn ich am steinigen Teichufer in Hemdärmeln entlanggehe, obwohl es bewölkt und windig ist, und nichts, was meine Aufmerksamkeit besonders erregt, bemerke, dann fühle ich mich ungewöhnlich stark allen Elementen verwandt. Die Ochsenfrösche trompeten, um die Nacht anzukünden, und der Sang des Tagschläfers wird vom Wellengekräusel über das Wasser getragen. Es besteht ein solcher Einklang zwischen mir und jedem zitternden Erlen- oder Pappelblatt, dass ich kaum zu atmen vermag.« Henry David Thoreau

Der amerikanische Philosoph und Umweltaktivist Henry David Thoreau machte im 19. Jahrhundert ein berühmtes Selbstexperiment: Er zog allein in den Wald, um herausfinden, ob es möglich sei, fernab aller Zivilisation mit der Natur im Einklang zu leben. Die Freiheit und ursprüngliche Wildheit der Natur waren für Thoreau unbedingt schützenswert. Thoreau verstand sein Experiment auch als Protest gegen die Ungerechtigkeit des gesellschaftlichen Zusammenlebens. 1849 rief er in einem Essay zu zivilem Ungehorsam auf und forderte ein Bürgerrecht auf Verweigerung staatlicher Gesetze aus individuellen Gewissensgründen. Damit beeinflusste er den indischen Widerstandskämpfer Gandhi, der im 20. Jahrhundert gegen die Rassentrennung protestierte und sich für die Unabhängigkeit Indiens einsetzte.

Organismen berücksichtigen und die Sichtweise der ganzen Erde einbeziehen. Der norwegische Philosoph und Begründer der Tiefen-Ökologie Arne Næss meint daher, jeder Mensch solle die Auswirkungen seiner eigenen Handlungen auf die Umwelt erkennen und bedenken.

IST DIE NATUR berechenbar?

Die Beherrschbarkeit der Natur steht traditionell für die Berechenbarkeit und Mathematisierung der Natur, also für die Erforschung und Anwendung der Naturgesetze. Für den Physiker und Entdecker der Gravitation Isaac Newton war die Natur eine Frage von Mathematik. In der Natur passiert nichts zufällig oder ohne Grund. Jedes natürliche Ding, jedes Naturphänomen, jede natürliche Bewegung hat eine Ursache. Kausalität nennen die Philosophen das Prinzip, wenn es keine Wirkung ohne Ursache gibt und wenn auf jede Ursache eine Wirkung folgt. Das naturwissenschaftliche Ursache-Wirkungs-Prinzip geht auf den griechischen Philosophen Aristoteles zurück. Für ihn hatte jedes Lebewesen auch einen bestimmten Zweck in der Ordnung des Ganzen.

In der Moderne wird die Natur mehr und mehr zu einer Welt der Tatsachen. Historiker und Soziologen nennen dies eine Entzauberung der Welt, in der immer mehr Naturphänomene erklärbar werden. Neue Erkenntnisse in Forschung und Technik ermöglichen außerdem eine massenhafte Gewinnung natürlicher Ressourcen. Die Natur wird zur notwendigen Rohstofflieferantin für den Menschen und seine Kultur. Und trotzdem bleibt die Frage, warum es Leben gibt, bis heute unbeantwortbar. Denn der Haken an der Kausalität ist, dass sie ein geschlossenes System voraussetzt, und in dem kann es keinen Anfang geben. Denn was war zuerst da? Ursache oder Wirkung? Henne oder Ei?

Gedankenexperiment zur Zukunft der menschlichen Natur

Stell dir vor, deine Eltern hätten vor deiner Geburt über die Zusammensetzung deiner Gene entschieden. Sie hätten zahlreiche Tests durchführen lassen, zunächst nur, um Krankheiten und Behinderungen auszuschließen. Ihr Ziel war es, dir ein gutes und gesundes Leben zu ermöglichen. Dabei haben deine Eltern jedoch kurzerhand auch entschieden, wie du aussehen wirst, welches Geschlecht du hast und mit welchen Veranlagungen du auf die Welt kommst. Sie haben sich ein willensstarkes Mädchen mit blonden Haaren ausgesucht, das sehr gute Fähigkeiten in Mathematik besitzt, aber auch eine gute Tänzerin werden kann. Als Mädchen sollst du heterosexuell sein mit einer Neigung zur Bisexualität. Diese Anlage haben deine Eltern gewählt, damit du nie sexuell abhängig von einem Mann wirst.

Deine Eltern haben dir nie etwas davon erzählt und bisher dachtest du, dass deine Gene eine zufällige Kombination aus den Anlagen deiner Eltern sind. Im Alter von 16 Jahren erfährst du davon, als du zufällig in einer Schublade deine Geburtsunterlagen mit allen Informationen und Wünschen über deine Identität findest.

Was verändert sich mit dem Wissen, dass du kein Zufallsprodukt der Natur bist, sondern ein geplantes Wunschkind deiner Eltern, die weit mehr ausgesucht haben als deinen Namen? Was, wenn du viel lieber ein Mensch mit weniger Willenskraft geworden wärst oder lieber eine andere Augenfarbe gehabt hättest? Die Natur kannst du für deine Identität nicht verantwortlich machen. Aber könntest du nicht deine Eltern für die Entscheidungen, die sie getroffen haben, zur Rechenschaft ziehen?

WIESO ESSEN WIR Tiere?

Hast du dich jemals gefragt, was dein Hund oder deine Katze denken, wenn sie dich anschauen? Oder ob sie genau solche Gefühle haben wie du? Was verbindet dich als Mensch mit einem Tier und was trennt dich von ihm?

In biologischer Hinsicht sind Mensch und Tier sich ziemlich ähnlich. Biologen und Naturwissenschaftler wissen, dass Tiere denken können und ein Bewusstsein haben. Aber nicht alle Tiere sind gleich. Man spricht hierbei von verschiedenen Bewusstseinsarten. Ein sehr hoch entwickeltes Bewusstsein haben beispielsweise Schimpansen. Sie besitzen ein Gedächtnis, können sich erinnern und haben die Fähigkeit zu lernen. Dies bedeutet unter anderem auch, dass sie konzeptionell denken können. Konzeptionell denken heißt, dass man eine Verbindung zwischen Erfahrungen aus der Vergangenheit und der Gegenwart herstellen kann. Schimpansen können von einer gemachten Erfahrung auf zukünftige Situationen schließen und ihr Verhalten dementsprechend ausrichten. Auch Krähen, Papageien und Tauben können sich in Situationen hineindenken und ihr Verhalten an bestimmte Umstände anpassen. So erfinden sie Techniken und Tricks, wenn es darum geht, an Futter in einer verschlossenen Box oder in einem verschlossenen Käfig zu kommen. Allerdings bedeutet dies nicht, dass sie wie Menschen über sprachliche Konzepte von Zeit, Vergangenheit und Zukunft verfügen. Wissenschaftliche Tests belegen außerdem, dass Tiere empathisch sind. Affen versetzen sich in andere Affen hinein.

All diese naturwissenschaftlichen Erkenntnisse legen nahe, dass zwischen Mensch und Tier nur ein geringer Unterschied besteht. Wenn wir uns also eigentlich ziemlich ähnlich sind, wie kommt es dann, dass wir Tiere einerseits essen, sie andererseits aber auch schützen?

»Dass uns der Anblick der Tiere so sehr ergötzt, beruht hauptsächlich darauf, dass es uns freut, unser eigenes Wesen so sehr vereinfacht vor uns zu sehen.«
Arthur Schopenhauer

WAS TIERE SIND, LERNEN WIR AM ESSTISCH

Fast alle Menschen wachsen mit Tieren auf ihrem Teller auf. Zudem lernen wir Tiere in Bilderbüchern, im Zoo, im Gehege und im Stall kennen. Wir finden es normal, dass wir Tiere essen und dass Tiere eingesperrt sind. Wir finden es aber genauso normal, dass wir mit Haustieren aufwachsen und dass Tiere Lebewesen sind, die wir mögen und mit denen wir gern zusammenleben. Diese widersprüchlichen Erfahrungen erklären auch, warum wir Tiere einerseits essen und uns andererseits für Tierschutz einsetzen.

Mit der Zeit werden diese Erfahrungen zur Gewohnheit und beeinflussen unser Denken. Unser Essverhalten wird vor allem durch unsere alltäglichen Erfahrungen bestimmt und weniger durch allgemeine moralische Prinzipien wie zum Beispiel »Du sollst keine Tiere töten!«. Die Unterscheidung zwischen Mensch und Tier ist für uns so selbstverständlich wie die Tatsache, dass wir keine Menschen auf unserem Teller haben. Der Esstisch ist der Ort, an dem man lernt, was Tiere sind, indem man sie isst. Klingt ziemlich verrückt, oder?

MANCHE UNTERSCHEIDUNGEN SETZEN WIR EINFACH VORAUS ...

Wenn wir über Tiere sprechen oder nachdenken, legen wir unsere Erfahrungen mit Esstisch und Haustier meist zugrunde. Die Unterscheidung zwischen Mensch und Tier ist für uns so gewohnt, dass sie in unserem Denken schon vorausgesetzt ist, noch bevor wir über Menschen und Tiere aktiv nachdenken, sagt die amerikanische Philosophin Cora Diamond.

Der Mensch ist einerseits ein biologisches und andererseits ein soziales Wesen. Da sich in der Biologie und in den Naturwissenschaften kein fundamentaler Unterschied zwischen Menschen und Menschenaffen finden lässt, muss er in der sozialen Praxis liegen. Die soziale Praxis von Menschen ist die Art und Weise, wie sie ihr Leben gestalten. Durch Erziehung und Sprache erlernt der Mensch die Regeln des menschlichen Zusammenlebens. Alle Regeln zusammengenommen nennt man die soziale Praxis eines Menschen. Was aber unterscheidet das Zusammenleben der Menschen vom Zusammenleben der Tiere?

HABEN TIERE KEINE *moral?*

Wenn eine Fliege in ein Glas mit Wasser geflogen ist und vor unseren Augen zu ertrinken droht, erwartet sie von uns, dass wir ihr helfen? Umgekehrt wird kein Fliegenschwarm für uns Hilfe holen, wenn wir beim Schwimmen im See einen Krampf bekommen und ertrinken. Ein anderer Mensch hingegen würde uns wahrscheinlich zu Hilfe eilen. Würde eine zweite Fliege versuchen, der ersten aus dem Wasserglas zu helfen?

Tiere haben keine moralischen Erwartungen und keine moralischen Verpflichtungen, weder im Umgang miteinander noch im Umgang mit uns Menschen. Deswegen können wir auch keine moralischen Erwartungen an Tiere stellen. Genau hierin unterscheiden sich Tier und Mensch. Denn der Mensch hat sowohl moralische Erwartungen als auch moralische Verpflichtungen gegenüber seinen Mitmenschen. Die soziale Praxis des Menschen ist von seinen moralischen Normen nicht zu trennen, meint die amerikanische Philosophin Cora Diamond. Das Leben und unsere Moral sind ineinander verwoben. Was den Menschen vom Tier unterscheidet, ist die Fähigkeit zur Moral und zu moralischen Handlungen.

Im Gegensatz zum Tier kann der Mensch zum Teil selbst entscheiden, wie er sein Leben gestalten und nach welchen moralischen Regeln er leben will. Er kann sich die Regeln seines Zusammenlebens selbst geben, was Tiere eben nicht können. Nimm als Beispiel das Fremdküssen: Wenn du gerade frisch mit jemanden zusammen bist, den du sehr magst und mit dem du dir eine Beziehung vorstellen kannst, würdest du dann trotzdem jemand anderen küssen? Würdest du von der anderen Person erwarten, dass sie niemand anderen küsst? Ob man fremdküsst oder nicht, hängt von der moralischen Regel ab, die wir für unser Zusammenleben mit anderen Menschen wählen. Nur Menschen können darüber nachdenken, ob sie fremdküssen wollen oder nicht. Und nur Menschen stellen an andere Menschen die moralische Erwartung, dass sie nicht fremdküssen sollen. Zwar leben auch Tiere nach bestimmten Regeln, allerdings haben sie keine moralischen Verpflichtungen und wir würden Fremdküssen nicht als Kategorie für tierisches Verhalten anführen.

Berechne den Nutzen und mach (d)eine Glücksrechnung!

Sind fünf Menschenleben mehr wert als ein Menschenleben?
Sind Tierversuche für medizinische Zwecke wichtiger als Tierversuche für Kosmetik?
Wenn ja, warum?
Kannst du eine rationale Begründung dafür geben, dass dein Hund zu Hause mehr wert ist als die zahlreichen Hunde, die weltweit auf der Straße leben?
Woher weißt du, ob es Affen im Zoo schlechter geht als in freier Wildbahn?

TIERE LEIDEN GENAUSO WIE WIR

Die Position des moralischen Individualismus erklärt den Unterschied zwischen Mensch und Tier für unwichtig. Was zählt, sind die gemeinsamen Eigenschaften, die alle Menschen und Tiere teilen. Die entscheidende Frage lautet dabei nicht, ob Tiere moralisch handeln oder denken können, sondern ob sie leiden. Der moralische Individualist wirft den Menschen vor, dass sie die Tiere aus ihrer moralischen Gemeinschaft ausschließen. Damit bevorzugen sie ihre eigene Spezies und diskriminieren alle anderen Tiere.

Der bekannteste moralische Individualist ist der australische Philosoph Peter Singer. Er glaubt, dass Tiere genauso empfindungsfähig sind wie wir Menschen. Wenn Tiere uns in ihrer Empfindungsfähigkeit gleichgestellt sind, sollten wir sie auch gleichberechtigt behandeln. Wer abstreitet, dass Tiere gleichwertig wie wir Menschen empfinden, der sollte sich darüber im Klaren sein, dass es auch Menschen mit eingeschränkten Fähigkeiten gibt, zum Beispiel Schwerbehinderte, Senile, Kleinkinder oder Demenzkranke. Die Leidensfähigkeit macht Tiere nicht nur zu gleichberechtigten Wesen, sie verpflichtet uns auch zu moralischen Handlungen.

Die Leidensfähigkeit ist ein klares Kriterium für unseren Umgang mit Tieren: Die Nutzung von Tieren als Nahrung darf nicht dazu führen, dass sie dafür in ihrem Leben leiden müssen. Solange Tiere nicht leiden, spräche demnach nichts gegen ihre Nutzung. Manche Philosophen glauben, dass Tiere außerdem noch bestimmte Interessen und Wünsche haben. Da wären beispielsweise das Interesse zu leben und der Wunsch, nicht geschlachtet und nicht als Nahrungs- oder Felllieferant genutzt zu werden. Hier geraten dann Mensch und Tier in einen Interessenkonflikt. Wessen Interesse ist wichtiger? Das Interesse des Menschen, Fleisch zu essen, oder das Interesse der Tiere, ein glückliches Leben zu leben?

Sind alle Tiere gleich?

Denk an ein Tier ...

das ausgestorben ist.

das dem Menschen am ähnlichsten ist.

das vom Aussterben bedroht ist.

das du niemals essen würdest.

das dem Menschen am unähnlichsten ist.

das du gerne isst.

SOLLTEN MÖGLICHST VIELE *glücklich* SEIN?

Sobald man versucht, eine rationale Rechtfertigung dafür zu geben, warum es erlaubt ist, Tiere zu töten, kommt man an der Frage nicht vorbei, wie wir unsere Handlungen bewerten. Wann ist eine Handlung ethisch vertretbar und wie bewerte ich, ob eine Handlung moralisch oder unmoralisch ist? Beurteile ich die Folgen einer Handlung oder zählt die Handlung selbst? Gibt es so etwas wie ein Ziel, eine Norm oder ein Prinzip, woran ich meine Handlungen ausrichte?

In der Ethik des Utilitarismus beurteilt man menschliche Handlungen anhand ihrer Folgen. Dabei geht es letztlich um ihren Nutzen, der gemessen und berechnet werden kann. Den Nutzen einer Handlung errechnet der Utilitarist, indem er alle möglichen positiven und negativen Folgen gegeneinander abwägt. In die Beurteilung fließen vorhersehbare und nicht vorhersehbare Folgen ein.

Im Prinzip ist fast jede größere Entscheidung im Leben eines Menschen ein Abwägen von Vor- und Nachteilen. Nimm zum Beispiel die Berufs- und Ausbildungswahl. Jeder weiß, dass der Beruf wichtig ist für das eigene

WAS IST DER UNTERSCHIED ZWISCHEN ETHIK UND MORAL?

Der Unterschied zwischen Moral und Ethik besteht darin, dass die Moral die Gesamtheit aller moralischen Regeln und Normen ist. Ethik hingegen ist die Wissenschaft von der Moral. Sie diskutiert moralische Fragen und sucht nach allgemeingültigen Begründungen von moralischen Regeln und Normen. Die Grundfrage der Ethik lautet: Was sollen wir tun? Du kannst eine moralische Grundhaltung haben (zum Beispiel, dass man nicht töten sollte), die jedoch einer bestimmten Moral widerspricht (wenn du findest, dass man verletzte Tiere einschläfern lassen darf). In der Ethik beschäftigt man sich mit solchen Widersprüchen und versucht, sie zu begründen.

Leben. Soll der Beruf einen glücklich machen oder will man vor allem viel Geld verdienen? Will ich für eine gemeinnützige Organisation arbeiten oder für eine internationale Bank? Inwieweit trage ich mit meiner Berufswahl zum Glück aller bei? Oder geht es mir vor allem um meinen ganz persönlichen Nutzen? Die Berufswahl ist eine Nutzenrechnung, in der wir persönliche Vorlieben, aber auch vorhersehbare und nicht vorhersehbare Folgen gegeneinander abwiegen. Ob man mit der Berufswahl zufrieden und erfolgreich sein wird, ist nicht vorhersagbar. Genauso wenig weiß man im Vorhinein sicher, welche positiven und negativen Auswirkungen die Berufs- oder Studienwahl auf das eigene Leben und auf das Leben anderer haben wird.

Was in der Praxis oft sehr schwierig zu entscheiden ist, baut in der Theorie auf ziemlich einfachen Prinzipien auf. Der Utilitarist misst den moralischen Wert einer Handlung an ihren Folgen. Anhand dieser stellt er dann eine Nut-

Ein Menschenleben oder zwei Tiere?

Angenommen, eine Freundin ist sterbenskrank und sie benötigt ein spezielles Medikament, das zwar schon entwickelt, aber noch nicht auf Nebenwirkungen getestet wurde. Die Forscher befürchten, dass das Medikament schlimme Nebenwirkungen verursachen könnte. Die schnellste und effektivste Lösung bestünde darin, das Medikament an einem Hund und einem Pferd zu testen. Nach einer Testwoche wäre klarer, ob das Medikament deiner Freundin helfen wird oder ob die Nebenwirkungen gefährlich sind.

Du hast (mindestens) zwei Handlungsmöglichkeiten: Möchtest du, dass das neue Medikament an einem Hund und Pferd getestet wird, und nimmst das Risiko in Kauf, dass sie dabei leiden oder sogar sterben? Oder verzichtest du auf die Rettung deiner Freundin, weil dir das Leben der zwei Tiere wichtiger ist?

zenrechnung auf. Ziel ist der größtmögliche Nutzen für alle. Entscheidend ist, ob durch eine Handlung Glück gefördert und Unglück vermieden wird. Die Glücksrechnung ist auf das Wohlergehen aller Menschen und Tiere ausgerichtet. Der Utilitarismus folgt dem Prinzip »das größtmögliche Glück für die größtmögliche Zahl«. Eine Handlung ist dann gut, wenn sie das allgemeine Wohlergehen steigert. Der größtmögliche Nutzen ist dann erreicht, wenn eine Handlung Glück vergrößert und Schmerz verhindert. Wenn die positiven Folgen größer sind als die negativen Folgen. Die beste Handlung ist also die, die das Glück aller fördert und niemandem Schaden zufügt. Eine Handlung ist schlecht, wenn sie einem anderen schadet oder seine Interessen verletzt. So funktioniert das utilitaristische Prinzip: das Glück aller steigern und Leid mindern.

ALLE HABEN DAS RECHT ZU LEBEN!

Man kann kritisieren, dass sich der Nutzen einer Handlung nicht einfach so an ihren Folgen berechnen lässt, wie es der Utilitarismus vorschlägt. Dass man Interessen oder Lebewesen nicht gegeneinander aufrechnen kann. Der amerikanische Philosoph Tom Regan ist beispielsweise überzeugt, dass Tiere ein Recht auf Leben haben. Ihm geht es nicht um eine Gleichstellung von Tier und Mensch, sondern um Gleichberechtigung trotz ihrer Unterschiede. Tiere selbst mögen vielleicht keine moralischen Pflichten haben, aber sie können Empfänger von moralischen Pflichten sein.

Tom Regan beruft sich dabei auf allgemeingültige Pflichten und Rechte. Im Unterschied zur utilitaristischen Ethik spricht man hier von einer deontologischen Ethik. Sie misst den Wert einer Handlung nicht an ihren Folgen. Stattdessen geht es in der deontologischen Ethik um die Beurteilung der Handlung selbst. Ihre Frage lautet unter anderem, aus welchem Motiv heraus und mit welcher Absicht eine Handlung erfolgt. Handlungen sind also unabhängig von ihren Folgen moralisch gut oder schlecht. Es kommt darauf an, ob sie bestimmten moralischen Normen folgen. Eine solche moralische Norm wäre zum Beispiel das Verbot zu Töten. Ein Lebewesen zu töten wäre grundsätzlich falsch, egal ob man ein Tier schlachtet oder aus Notwehr tötet.

Irrer Gedankentrip

Stell dir vor, du findest heraus, dass dein Vater heimlich als Drogendealer sein Geld verdient. Es ist kaum zu glauben, aber euer Haus, eure Familienurlaube, einfach alles wird davon finanziert, dass andere Menschen illegale Drogen nehmen.

Würdest du deinen Vater aus Prinzip anzeigen? Oder wägst du Vor- und Nachteile deiner Handlung ab? Folgst du dabei moralischen Prinzipien oder orientierst du dich am größten Nutzen?

Freund-
schaft

WIE VIELE *Freunde* KANNST DU HABEN?

Schafe können ihre Artgenossen und auch Menschen an ihren Gesichtern unterscheiden, sagen Forscher. Und das im wirklichen Leben wie auf Fotos. Außerdem haben sie ein erstklassiges Gedächtnis: Mehr als 50 andere Schafe können sie am Gesicht identifizieren. Befreundete Schafe erkennen sich auch nach Jahren der Trennung wieder.

Eine ganz einfache Definition von Freundschaft könnte sein: Ein Freund ist jemand, mit dem du gern Zeit verbringst. Wichtig ist, dass man etwas zusammen macht. Allerdings sind unsere Zeit und damit auch die Anzahl unserer Freunde und Kontakte begrenzt. Stell dir vor, alle Menschen hätten Internetzugang und ein Profil bei einem sozialen Netzwerk,

> »Das Großartige an alten Freunden ist, dass man sich vor ihnen auch mal zum Affen machen kann.«
> Ralph Waldo Emerson

und jeder wäre dort automatisch mit jedem befreundet. Ist das realistisch? Wie viele Menschen kannst du überhaupt wiedererkennen? Und wie verändert sich durch Freundschaften in digitalen Netzwerken unsere Vorstellung von Freundschaft?

WAS FREUNDE VERBINDET

Menschen sind auf wechselseitige Aufmerksamkeit und Anerkennung angewiesen. Die Philosophin Martha C. Nussbaum identifiziert die Fähigkeit, Freundschaften einzugehen und zu pflegen, sogar als eine der wesentlichen Grundfähigkeiten des Menschen. In einer Freundschaft stehen gemeinsame Erlebnisse und Interessen im Vordergrund. Das,

 Aaron

 Albert

 Alexa

 Anita

 Anton

was man teilt, kann beispielsweise eine bestimmte Musikrichtung sein, aber auch Literatur, Reisen, Fußball und ähnlicher Humor.

Freundschaften beruhen auf Empathie und Sympathie. Wer empathisch fühlt und handelt, kann sich in einen anderen Menschen hineinversetzen. Empathie ist also die Fähigkeit, andere Menschen zu verstehen und aus ihrer Perspektive zu denken. Mit Sympathie ist gemeint, dass man sich gegenseitig mag. Eine Freundschaft besteht nur dann, wenn beide Seiten ähnlich empfinden. Man kann nicht mit jemandem befreundet sein, der einem nicht sympathisch ist, und umgekehrt. Freundschaft hat etwas mit Wechselseitigkeit zu tun.

Sympathie und Empathie bewirken, dass du dich mit einer anderen Person wohlfühlst. Dieses Verbundensein mit Freunden, Partnern oder Familie gehört zu den wichtigsten Erfahrungen unseres Lebens. Für den Philosophen Aristoteles waren Freundschaften sogar die Bedingung für ein gutes Leben.

Nicht jede Freundschaft muss sehr eng sein. Beim Fußball sprechen wir beispielsweise auch von Freundschaftsspielen, die fernab von Konkurrenz und Wettbewerb stattfinden sollen. Unter Fußballfans kann ein starker Zusammenhalt entstehen, obwohl sie sich nicht unbedingt näher kennen. Sie teilen die Lust am Fußball, die Vorliebe für den gleichen Verein und haben ein gemeinsames Ziel, nämlich den Sieg ihrer Mannschaft. Vielleicht ist genau das der Grund, warum Fußball so viele Menschen anspricht: das Teilen und Ausdrücken von Gefühlen in einer Gemeinschaft. Sind soziale Medien nicht auch manchmal wie ein riesiges Fußballstadion, in dem Menschen jubeln, schreien, lachen, hassen und emotionale Momente teilen?

Freundschaft ist relativ

Kannst du mit jemandem befreundet sein, den du niemals gesehen oder persönlich getroffen hast?

Wie viel Wissen über einen anderen Menschen ist nützlich?

Notiere drei Dinge, die dich zu einem guten Freund machen!

LEBEN WIR IN EINEM *globalen* DORF?

Marshall McLuhan stellte bereits in den 1960er-Jahren die These auf, dass unsere Welt immer weiter zusammenwächst. Um die zunehmende elektronische Vernetzung der Welt zu beschreiben, verwendete McLuhan die Metaphern vom »Globalen Dorf« und »Globalen Theater«. Der Medientheoretiker zielt damit auf den historischen Übergang vom Buch-Zeitalter, das mit Gutenbergs Erfindung der Druckpresse begann, in die Ära des Digitalen. Über Fernsehen und Internet rücken uns die Ereignisse der Welt immer näher. Durch die Gleichzeitigkeit der Ereignisse, auf die wir rund um die Uhr zugreifen können, kommt uns die ganze Welt manchmal wie ein globales Dorf vor.

FREUNDSCHAFTEN UND SCHWACHE BINDUNGEN

Es scheint, als wäre McLuhans Vision einer global vernetzten Welt eine Prophezeiung, die sich heute als wahrer denn je herausstellt. Kontakte und Freundschaften werden heute wie selbstverständlich über soziale Netzwerke gepflegt. Menschen können sich zu allen möglichen Zwecken, Themen und Interessen weltweit vernetzen. Man kann jederzeit mit immer mehr Menschen aus der ganzen Welt in Kontakt treten. Wurde die Obergrenze der möglichen Kontakte, mit denen man aktiv kommunizieren kann, Anfang der 1990er-Jahre noch auf 150 geschätzt, übersteigen die heutigen Vernetzungsmöglichkeiten diese Zahl erheblich.

Eine Frage der Definition

Was ist für dich der Unterschied zwischen Bekannten und Freunden?

Ist jede Freundschaft einzigartig, weil alle zwischenmenschlichen Beziehungen unterschiedlich sind?

Auch die in der Soziologensprache so genannten »schwachen Bindungen«, die nicht zum engeren Freundeskreis gehören, sind wichtig für das Funktionieren eines Netzwerks. Während man sich im Alltag meist mit dem gleichen Freundeskreis austauscht, können schwache Bindungen uns mit anderen und neuartigen Informationen in Berührung bringen, die sonst nicht in unserem Blickfeld sind. Damit schwache Bindungen halten, müssen sie nicht das Potenzial für eine Freundschaft haben. Wir können Menschen auch in sozialen Netzwerken »parken«, um uns später mit ihnen auszutauschen. Soziale Netzwerke erleichtern die Kontaktaufnahme und erweitern unsere Informationsflüsse – machen sie auch neue Formen von Freundschaft möglich?

UNSERE LEBEN UND KULTUREN HÄNGEN IMMER MEHR ZUSAMMEN

Auch globale Entwicklungen, die meist außerhalb unserer individuellen Kontrolle liegen, führen seit einiger Zeit verstärkt dazu, dass unsere Leben und Kulturen immer enger zusammenrücken. Komplexe Phänomene wie die Globalisierung und humanitäre Katastrophen werden durch die Medien erlebbar und gehören zu unserem Alltag dazu. Ihre Folgen sind tagtäglich sichtbar, und wir sind mit zahlreichen Menschen und persönlichen Lebensgeschichten verbunden, zu denen wir ohne die digitalen Kanäle keinerlei Zugang hätten. Wir werden Teil einer globalen Nachbarschaft, die von uns eine neue Form von interkultureller Toleranz und Kompetenz fordert. Egal ob in der Provinz oder in der Stadt, eine Vermischung der Kulturen und die Internationalisierung unserer Arbeits- und Lebensbedingungen führen weltweit dazu, dass unsere Leben und Kulturen auf der Erde immer mehr zusammenhängen. Unsere Kultur ist unterschiedlichsten Einflüssen ausgesetzt, ein bunter Haufen, in dem wir den Umgang mit einer Vielfalt an religiösen und kulturellen Differenzen lernen müssen, wenn wir miteinander und nicht gegeneinander leben wollen.

WAS
verbindet UNS?

In unserer Kultur ist es üblich, dass wir uns zur Begrüßung die Hand geben und Blickkontakt aufnehmen. Wenn wir miteinander kommunizieren, spielen unser Gesicht und direkter Blickkontakt eine wesentliche Rolle. Von Angesicht zu Angesicht stellen wir den direkten und persönlichen Kontakt zu einem anderen Menschen her. (Übrigens ist es deswegen vielleicht auch kein Zufall, dass sich Menschen – im Gegensatz zu vielen anderen Säugetieren – beim Sex anschauen.) Es gibt kaum etwas, das uns mehr berührt und mehr angeht als der Blick eines Menschen. In ihm werde ich mir meiner selbst als reflektierendem Subjekt und als angeschautem Objekt bewusst: Ich sehe, dass der Andere mich ansieht, und genauso sieht der Andere, dass ich ihn ansehe.

Der französische Philosoph Emmanuel Levinas hat hierzu einen verrückten und paradoxen Gedanken entwickelt: der Andere ist wichtiger als ich, weil er vor mir da ist! Er meint damit, dass die Erfahrung von Andersheit und Fremdheit zur Identität jedes Menschen gehören. Im Blick des Anderen er-

IN DER FREMDHEIT DES ANDEREN BLICKT MICH DIE GANZE MENSCHHEIT AN

Jeder kennt wahrscheinlich die Situation, dass er Bilder von Menschen im Fernsehen oder Internet sieht, die ihn direkt ansprechen oder eine plötzliche emotionale Reaktion bei ihm auslösen. Seien es Menschen in Not oder die besondere Geschichte eines Menschen.

Wenn du einem fremden Menschen in die Augen schaust, was glaubst du, wie lange dauert es, bis du eine persönliche Nähe zu dieser Person entwickelst? Forscher behaupten, dass jeder Mensch nach spätestens vier Minuten einen empathischen Bezug aufgebaut hat.

kenne ich mich selbst und entdecke Gefühle wie Verachtung und Stolz, aber auch Verständnis, Verantwortung und Scham. Im Gesicht des Anderen zeigt sich eine Fremdheit, aus der uns die ganze Menschheit anblickt. Wir entdecken im Gesicht des Anderen, was uns mit ihm verbindet: eine Menschlichkeit, die unabhängig von Kultur, Sprache, Geschlecht und Herkunft besteht. Die uns alle verbindende Menschlichkeit ist für Levinas genauso unerklärbar wie die Unendlichkeit Gottes und die Unendlichkeit des Universums.

Blickkontakt

Hat der Blick des Anderen die gleiche Wirkung, wenn wir ihm über einen Bildschirm begegnen?

WIE KÖNNEN KULTUREN FRIEDLICH zusammenleben?

Das Zusammenleben von Menschen verschiedener Herkunft, Religion und Kultur kann nicht immer konfliktfrei ablaufen. In einer Gesellschaft gehören Auseinandersetzungen und Irritationen zum Alltag. Der amerikanische Philosoph Samuel P. Huntington hat die These vertreten, dass die Konflikte in der Welt zu einem unvermeidlichen Kampf der Kulturen führen. Er geht dabei von unterschiedlichen Kulturen aus, die sich aufgrund ihrer Verschiedenheit nicht auf gemeinsame Interessen einigen können. Die einzelnen Kulturen stehen in Konkurrenz zueinander und keine will ihre Werte und Lebensweisen einer anderen zuliebe aufgeben. Der Kampf der Kulturen wäre demnach ein Machtkonflikt, bei dem sich der Stärkere durchsetzt. Viele Philosophen haben Huntingtons These kritisiert und infrage gestellt. Problematisch an ihr ist vor allem, dass die einzelnen Kulturen, zum Beispiel die chinesische, die islamische und die westlich-europäische Kultur, als in sich geschlossene und reine Kulturräume betrachtet werden. In Wirklichkeit bestehen die meisten Kulturräume aus Einwanderungsgesellschaften, in denen bereits unterschiedliche Kulturen miteinander leben.

Für die Theorie des Kosmopolitismus ist kulturelle Reinheit sogar ein Widerspruch in sich selbst. Keine Kultur existiert unabhängig von anderen kul-

turellen Einflüssen und es gibt keine Kultur in ihrer Reinform. Jede Kultur ist in ihrer Vergangenheit immer schon fremden Einflüssen ausgesetzt gewesen und hat sich mit anderen Kulturen vermischt. Klar definierbare Grenzen zwischen Kulturen, Nationen und Staaten sind daher eine Illusion. In der Theorie des Kosmopolitismus haben Kulturen keinen stabilen und eindeutig abgrenzbaren Wesenskern, über den man sie definieren könnte. Das Gleiche gilt für den Menschen, der über keinen beständigen und festen Wesenskern verfügt. Die kosmopolitisch denkenden Philosophen zielen auf ein neues Verständnis von menschlicher Identität: Die Identität einer Person lässt sich ihnen zufolge nicht auf familiäre, sprachliche und nationale Grenzen festlegen.

FREUNDSCHAFT ÜBER KULTURELLE GRENZEN HINWEG

In allen Gesellschaften leben Menschen aus unterschiedlichen Ländern mit unterschiedlichen Werten, Überzeugungen und Glaubenspraktiken. Wenn all diese Menschen friedlich miteinander leben wollen, sind sie auf gegenseitiges Verständnis und eine kulturübergreifende Perspektive angewiesen, sagt der englische Philosoph Kwame Anthony Appiah. Eine solche kulturübergreifende Perspektive bietet die kosmopolitische Ethik. Voraussetzung dafür ist die Bereitschaft zum interkulturellen Gespräch über Werte und moralische Fragen. Kulturelle Unterschiede und Konflikte stehen dem Aufbau einer gemeinsamen Wertegemeinschaft nicht entgegen. Entscheidend ist der Umgang damit, denn wir können Verhaltensweisen aushalten, die von unseren Gewohnheiten abweichen. Damit das gelingt, hat der Philosoph eine kosmopolitische Ethik entworfen:

1.

In einer Gesellschaft mit unterschiedlichen Sprachen und Kulturen verfügen alle Menschen über grundlegende moralische Begriffe wie »gut« und »schlecht«. Mit dieser Basis können wir in einer Gesellschaft über Werte kommunizieren. Was wir brauchen, so der Philosoph Appiah, sind geregelte Austauschmöglichkeiten für und über ein gemeinsames Zusammenleben. Wir sollen uns für die Lebensweise und die Gewohnheiten der anderen Menschen interessieren. Erst dieses Interesse und die Auseinandersetzung mit den Unterschieden machen ein kulturübergreifendes Verständnis möglich.

2. Meinungsverschiedenheiten sind in einer kosmopolitischen Gesellschaft kein Problem, denn man weiß: Um einander zu verstehen, braucht man nicht einer Meinung zu sein! So ist es zum Beispiel egal, warum und wie man das Verbot von sexueller Gewalt oder Kindesmissbrauch begründet, es zählt vor allem, dass man es als gemeinsamen Wert akzeptiert und sich auf bestimmte Maßnahmen einigt, wenn jemand dagegen verstößt. Die kosmopolitische Ethik fordert daher einen Begründungsverzicht. Im alltäglichen Zusammenleben zählt vor allem, dass wir uns auf gemeinsame Werte einigen, und nicht, warum sie gültig sind.

3. In der kosmopolitischen Ethik reicht es aus, im freundlichen Gespräch zu bleiben, selbst dann, wenn die Beteiligten sich nicht auf gemeinsame Werte einlassen wollen. Freundlichkeit meint hier Toleranz und Verständnis für die Andersartigkeit anderer Lebensentwürfe, auch dann, wenn man sich nicht einigen kann. Die Tatsache, dass wir die Lebensweise anderer tolerieren und darüber kommunizieren, führt dazu, dass wir uns aneinander gewöhnen. Denn ein wesentlicher Nebeneffekt von Kommunikation und Toleranz ist, dass wir die Lebensweise anderer aushalten. Es ist also alles gut, solange die Kommunikation nicht abbricht. Man kann sich an Menschen mit anderer Herkunft genauso gewöhnen kann wie an Menschen aus dem eigenen Land. Im kosmopolitischen Weltbild ist der Mensch ein Gewohnheitstier und seine Gewohnheiten haben oftmals mehr Einfluss auf seinen Lebensalltag als das rationale Argument. Andersheit ist oft nur eine Frage der Gewohnheit.

Was man benötigt, um in einem Land zu leben

Genügen die Beherrschung der Landessprache und die Möglichkeit zu arbeiten?

Was braucht es, um sich einer Gemeinschaft zugehörig zu fühlen?

Was bedeuten Meinungsfreiheit, Religionsfreiheit, sexuelle Selbstbestimmung sowie gewaltfreie Erziehung für dich?

FORMT *Sprache* UNSERE WIRKLICHKEIT?

Mach mal folgendes Experiment: Denke einen Gedanken ohne Wörter. Klappt das? Kannst du ohne Sprache denken?

In unserem Alltag denken wir nur selten über Sprache nach. Dabei steckt so viel in ihr drin! Sie hängt dermaßen mit unserer Wahrnehmung und unserem Denken zusammen, dass uns unser Sprechen als etwas ganz Natürliches vorkommt. Doch Sprache ist nicht nur ein nützliches Kommunikationsmittel, sie macht auch einen großen Teil unseres Verhaltens aus. Wie würdest du zum Beispiel beim Bäcker verschiedene Brötchen bestellen, wenn du keine Worte für Croissant, Sesambrötchen und Laugenstange hättest? Indem du unterschiedliche Brötchen und Gebäcksorten benennst, beschreibst du nicht nur Dinge in der Welt. Mit Sprache strukturierst du auch die Art und Weise, wie du die Außenwelt wahrnimmst. Würdest du zum Beispiel die vielen leuchtenden Punkte am Nachthimmel anders wahrnehmen, wenn du keine Begriffe wie Sterne, Planeten und Sonnen hättest, um sie zu benennen?

In unserer Alltagswahrnehmung gehören Denken und Sprechen zusammen, und normalerweise gibt es für jeden Gedanken auch (mehr oder weniger!) passende Worte. Etwas zu denken, wofür es kein Wort gibt, ist schwierig, aber nicht unmöglich. Nimm zum Beispiel das Gegenteil von durstig. Wir haben zwar kein Wort dafür, aber wir kennen trotzdem die Bedeutung des Zustands, keinen Durst zu haben. Wie weit geht der Einfluss, den die Sprache auf unsere Erkenntnis und unser Denken ausübt?

Denk an das Wort »Rosinenbrötchen«

Sprich es laut aus und wiederhole es zehnmal hintereinander.

Jetzt denke es leise nur für dich.

Denk es laut!

SPRACHE IST RELATIV!

Jede Sprache ordnet die Wirklichkeit auf ihre eigene und individuelle Weise. Menschen mit verschiedenen Sprachen nehmen daher auch die Welt unterschiedlich wahr. Ein Mensch, der beispielsweise kein Wort für Schnee kennt, würde Schneeflocken und matschigen Schnee am Fahrbahnrand gar nicht als zwei Formen einer Sache wahrnehmen. Eskimos hingegen haben sehr viele Wörter für Schnee, mit denen sie unterschiedliche Farben und Eigenschaften von Schnee benennen. Könnten sich ein Mensch, der in der Wüste lebt, und ein Eskimo über Schnee unterhalten?

Die Sprachwissenschaftler Edward Sapir und Benjamin Lee Whorf meinten, dass die Grammatik und der Wortschatz unserer Muttersprache das Denken so sehr beeinflussen, dass bestimmte Gedanken für Menschen mit einer anderen Sprache nicht mehr nachvollziehbar

»Die Grenzen meiner Sprache bedeuten die Grenzen meiner Welt.«
Ludwig Wittgenstein

sind. Man nennt diese These auch das Prinzip der sprachlichen Relativität. Wenn man dieses Prinzip radikal weiterdenkt, müssten Übersetzungen in eine Fremdsprache unmöglich sein. Außerdem würden Menschen mit unterschiedlichen Sprachen einander nicht mehr verstehen, da sie komplett verschiedenartige Auffassungen und Vorstellungen von der Welt hätten. Leben nicht alle Menschen trotz Sprachvielfalt in derselben Welt?

WIE WIR MIT WORTEN IN DIE GESELLSCHAFT EINGREIFEN

Nicht nur im Alltag, auch in Gesellschaft und Politik ist das Verhältnis von Sprache und Wahrnehmung sehr komplex. Worte können nicht nur die eigene Wahrnehmung verändern, sie beeinflussen auch die gesellschaftliche Wahrnehmung und können politische Diskussionen anregen. Besonders heiß umstritten ist die Frage, ob man Wörter erfinden und künstlich einführen sollte, um beispielsweise mehr Gleichberechtigung zwischen Männern und Frauen zu erreichen. Wenn man nicht mehr »die Studenten« sagt, sondern »die Studierenden«, verändert das unsere tagtägliche Wahrnehmung? Kann man mit Sprachmaßnahmen die Gesellschaft gleichberechtigter machen?

Ein anderer Fall für sprachliche Eingriffe, die direkt unser Leben beeinflussen, ist die Medizin. So könnte man beispielsweise meinen, dass in den letzten Jahren vermehrt Menschen an ADHS leiden. Nun gibt es die Diagnose ADHS noch nicht so lange und daher ist es wahrscheinlich, dass seit Einführung der Diagnose auch die Anzahl der behandelten Fälle steigt. Schließlich ist das Phänomen erst mit der Diagnose in einem Wort benannt worden. Heißt das im Umkehrschluss, dass es ADHS vor der Diagnose gar nicht gegeben hat?

WOVON *reden* WIR EIGENTLICH?

Stell dir vor, du stehst vor einem Baum. Ganz oben in der Baumkrone sitzt ein rotes Eichhörnchen, das du jedoch nicht sehen kannst, da es genau auf der anderen Seite des Baumes ist. Du gehst rechts herum am Baumstamm vorbei und hältst deinen Blick nach oben gerichtet. Das Eichhörnchen bewegt sich jedoch genauso schnell wie du und klettert auch einmal im Kreis um den Baumstamm. Als du an der Stelle ankommst, von der aus du losgegangen bist, hast du das rote Eichhörnchen immer noch nicht gesehen. Der Baumstamm war die ganze Zeit zwischen dir und dem roten Tier. Die entscheidende Frage ist nun: Bist du um das Eichhörnchen herumgegangen oder nicht? Klar ist, dass du den Baum einmal umrundet hast.

Dieses Gedankenexperiment hat sich der amerikanische Philosoph William James ausgedacht. Wie du die Frage beantwortest, hängt davon ab, was mit dem Ausdruck »um das Eichhörnchen herumgehen« gemeint ist. Wenn du unter »herumgehen« verstehst, dass du erst vor dem Eichhörnchen stehst, dann neben, dann hinter, dann noch mal neben und wieder vor ihm, bist du nicht um es herumgegangen. Verstehst du darunter allerdings, dass du eine Runde um das Eichhörnchen gedreht hast, egal, ob es sich selbst zur gleichen Zeit bewegt, und egal, ob du es von allen vier Seiten gesehen hast, dann bist du um es herumgegangen. Dieses Beispiel setzt nicht nur ein gutes Vorstellungsvermögen im Raum voraus. Es zeigt auch, dass es für einen Ausdruck mehrere Bedeutungen und nicht die eine richtige Bedeutung gibt.

@alleZeichenleser! #emoticon

Manche sprachliche Zeichen, wie zum Beispiel »Flasche« und »Schlange«, stehen für zwei ganz unterschiedliche Dinge. Die Zeichenabfolge »Ich bin total ☺« ist genauso verständlich wie »Heute ist alles echt ☹«. Wir würden vielleicht nachfragen, was passiert ist, aber fast niemand würde sagen, dass er es nicht versteht. Selbst wenn Buchstaben oder auch ganze Wörter fehlen, dann ver-voll-stän-di-gen wir die Lcken und könn die Bdtung von Aussgn tzdem stehnver. Zumdest wenn nct zu viel fehlt ...

ALLES KÖNNTE AUCH ANDERS HEISSEN

Fällt dir ein Argument dafür ein, warum der Hund »Hund« heißen muss? Der französische Sprachwissenschaftler Ferdinand de Saussure beschreibt das sprachliche Zeichen als eine Verbindung aus zwei Bestandteilen: Lautbild und Bedeutung. Das Lautbild ist das Wort (»Hund«), das die Sache bezeichnet, oder anders gesagt: Das Lautbild ist das Bezeichnende. Die Bedeutung hingegen ist das Bezeichnete, also die Sache, die das Wort bezeichnet (das Tier Hund). Die Verbindung zwischen Lautbild und Bedeutung ist grundsätzlich immer zufällig. Dass der Hund kläfft oder wufft, aber niemals miaut, kommt natürlich nicht von ungefähr. Solche lautmalerischen Wörter und Geräuschimitationen sind aber eher die Ausnahme.

ES GIBT ZWEI BEDEUTUNGEN VON »BEDEUTUNG«

Nimm die zwei Sätze »Diese Pickel bedeuten bei einem Menschen, dass er in der Pubertät ist« und »Nasse Straßen bedeuten Regen«. In beiden Fällen sagt man etwas über Symptome an einem Menschen und Anzeichen in der Welt aus. Mit dem ersten Satz meint man eine Lebensphase, im zweiten wird über das Wetter gesprochen. Es geht beidesmal um Zeichen, die in der Welt vorkommen. Was aber ist mit der Aussage »Einen Satz ›beenden‹ und ›abschließen‹ bedeutet das Gleiche.«? Darin sprechen wir plötzlich über Wörter, die sich nicht direkt auf einen Gegenstand in der Welt beziehen. Der Sprachphilosoph H. Paul Grice unterscheidet daher zwischen natürlichen und symbolischen Zeichen. Die Nässe auf der Straße ist eine natürliche Folge von Regen und bestimmte Pickel sind ein natürliches Anzeichen für die Pubertät. Buchstaben, Wörter und Sätze hingegen sind keine natürlichen Anzeichen für etwas. Sie sind symbolische Zeichen.

Müsste man daher nicht auch von zwei verschiedenen Bedeutungen von »Bedeutung« sprechen? Für natürliche Zeichen gäbe es allgemeingültige Gesetze, die wahr oder falsch sein können. Die Bedeutung von »nasse Straße« ist

Dies ist kein Trampolin!

Was bedeutet dieser Satz? Das kommt ganz darauf an! Wenn sich das »dies« auf das Wort »Trampolin« bezieht, dann ist mit diesem Satz gemeint, dass das Wort »Trampolin« selbst kein Trampolin ist.

nicht zufällig, denn sie folgt auf Regen und beruht damit auf einer objektiven Tatsache. Wenn man die Welt objektiv beschreiben kann, heißt das auch, dass jede Aussage wahr oder falsch sein kann – je nachdem, ob sie die Wirklichkeit korrekt beschreibt oder nicht. Man könnte das einfach überprüfen, wie zum Beispiel den Satz: »Alle Bananen sind neonpink.« Natürliche Zeichen beschreiben eine Begebenheit in der Welt. Anders bei symbolischen Zeichen: Bei Wörtern und Sätzen muss es immer eine Person geben, die damit auch etwas meint. Ob jemand auch genau das versteht, was man meint, ist wiederum eine ganz andere Sache ...

IST DIE *Bedeutung* EINES WORTES SEIN GEBRAUCH?

Das Mädchen Alice trifft im Wunderland ein ziemlich verrücktes und eitles Ei namens Humpty Dumpty. Dieses Ei meint, dass es die Bedeutungen seiner Wörter frei wählen kann. Es denkt sich auch neue Wörter aus wie zum Beispiel »Ungeburtstagsgeschenke«. Damit meint es Geschenke, die man bekommt, wenn man nicht Geburtstag hat. Alice ist irritiert und bleibt skeptisch. Kann man die Bedeutung eines Wortes einfach ändern oder neue Wörter erfinden? Für das Ei ist es das Selbstverständlichste auf der Welt, dass ein Wort immer genau das bedeutet, was man selbst für richtig hält. Humpty Dumpty meint nämlich, dass sich die Bedeutung von Wörtern nach dem individuellen Gebrauch richtet. Diese Behauptung führt zu einer der berühmtesten Sprachtheorien unserer Zeit, der Gebrauchstheorie. Sie stammt von dem österreichischen Philosophen Ludwig Wittgenstein, der übrigens meinte, dass es keine private Sprache wie die des verrückten Eis gibt.

Woher bekommen die Wörter ihre Bedeutung?

Denk an ein Wort ...

das du als Geste ausdrücken kannst.

das ein wichtiges Symbol für dich darstellt.

das sich auf sich selbst bezieht.

das ohne sein Gegenteil keinen Sinn ergibt.

WIR KÖNNEN UNS DIE BEDEUTUNGEN UNSERER WÖRTER NICHT FREI AUSSUCHEN

Die Gebrauchstheorie ist ziemlich einfach. Sie besagt, dass die Bedeutung eines Wortes sein Gebrauch ist. Es gibt keine allgemeingültige Bedeutung von Wörtern, weil sie sich von Situation zu Situation ändern kann. Wer Wörter und Sätze verstehen will, der muss sich anschauen, wie diese Wörter und Sätze in unserer alltäglichen Kommunikation verwendet werden. Die Bedeutung eines Wortes ist demnach die Gesamtheit all seiner unterschiedlichen Verwendungen: »Sieh mal, das schwarze Schaf da hinten auf der Wiese!« meint etwas anderes als die Aussage »Ich bin das schwarze Schaf der Familie«. Diese zwei unterschiedlichen Verwendungen von »schwarzes Schaf« nennt Wittgenstein Sprachspiele. Jedes Sprachspiel folgt eigenen Regeln. Sprachspiele entstehen im tagtäglichen Sprachgebrauch und bedeuten deshalb etwas für uns, weil wir uns daran gewöhnen, wie sie von anderen gebraucht werden.

SPRACHE IST EIN SOZIALER WIEDERHOLUNGSPROZESS

Menschliche Sprache und Kommunikation sind soziale Prozesse. Das heißt aber nicht, dass Wörter einfach so die Bedeutung ändern. Damit wir uns verständigen können, brauchen wir eine Sprache mit verbindlichen Bedeutungen. In den meisten Sprachspielen haben wir eine Vorstellung von richtiger und falscher Verwendung. Manchmal ist die Verwendung aber von Region zu Region verschieden und somit nicht per se richtig oder falsch: Man muss hierfür nur mal vergleichen, was man in Süd- und Norddeutschland unter einem Krapfen und einem Pfannkuchen versteht. Die Vielfalt der Gebäcksorten ist hier wahrscheinlich ähnlich groß wie die Unterschiedlichkeit ihrer Bezeichnungen.

Im Alltag gleichen wir die Bedeutung von Wörtern immer wieder ab, indem wir sie verwenden. Wenn wir miteinander sprechen und uns verstehen, bestätigen wir uns also regelrecht die Bedeutung unserer Wörter. Genauso lernen wir auch neue Bedeutungen dazu. Auf diese Weise kann sich die Bedeutung eines Wortes im Lauf der Geschichte erweitern und ändern. Eine neue Bedeutung muss nur von genügend Menschen verwendet werden, damit sie sich durchsetzt: Das deutsche Wort »Handy« zum Beispiel wurde von so vielen Menschen wiederholt, dass es in unserer Alltagssprache allgemein als Bezeichnung für Mobiltelefon akzeptiert wurde. Lustigerweise bedeutet das Wort »Handy« in der englischen Sprache etwas ganz anderes. Wird ein Wort oft genug wiederholt, ist auch die Chance sehr hoch, dass es in die offiziellen Wörterbücher aufgenommen wird. So beeinflussen nicht nur die Regeln, die zum Beispiel im Duden festgehalten sind, unseren Gebrauch der deutschen Sprache, sondern der Gebrauch verändert auch, was im Duden steht.

Gibt es ein Wort ...

das nichts bedeutet?

das dir nichts bedeutet?

für das du dir eine andere Bedeutung wünschst?

dessen Bedeutung niemand kennt außer dir?

KÖNNEN WIR MIT *Worten* ETWAS TUN?

Mit Worten sagen wir nicht nur etwas. Laut der Sprechakttheorie des amerikanischen Philosophen John Austin machen wir auch etwas. Mit unseren Worten können wir zum Beispiel protestieren, fluchen, flirten, rappen, dichten und einen Witz erzählen. Eine Aussage kann als Aufforderung, Frage, Bitte, Warnung, Witz, Empfehlung oder als Drohung gemeint sein. Mit einer Frage kann ich auch eine Behauptung aufstellen, zum Beispiel mit der Frage: »Spinnst du?« Jede Sprechhandlung soll außerdem beim Gegenüber eine Wirkung erzielen. Wir können jemanden verunsichern, trösten, einschüchtern, ermutigen, überzeugen, kränken oder auch loben. All das sind Handlungen, die wir mit Sprache machen. Ohne die gewünschte Wirkung läuft die Sprechhandlung jedoch ins Leere. Ein Flirt oder ein Protest sind erst dann erfolgreiche Sprechhandlungen, wenn sie wahrgenommen und verstanden wurden.

Verrät deine Sprache ...

aus welcher Region du kommst?

wie gebildet du bist?

welche Gefühle du hast?

wie du politisch denkst?

SPRECHEN HEISST HANDELN

Wenn wir uns mit jemandem unterhalten, dann unterstellen wir diesem Menschen wie selbstverständlich, dass er uns etwas mitteilen will. Mit seinen Worten verbinden wir Meinungen, Absichten und bestimmte Erwartungen. Wenn dein bester Freund im Kino zu dir sagt: »Echt langweilig, dieser Film!«, dann kannst du das mit einem »Ja, stimmt« oder einem Nicken zur Kenntnis nehmen. Vielleicht meint dein Freund seine Aussage aber als Handlungsaufforderung und bittet dich eigentlich darum, mit ihm aus dem Film zu gehen. Du könntest also nachfragen, was dein Freund mit »Echt langweilig!« meint. Oder aber dir gefällt der Film gut, sodass du seine Aussage einfach ignorierst, weil du den Film zu Ende schauen willst. Dabei ist es nicht nur wichtig, wie jemand etwas sagt, sondern auch, in welcher Beziehung die Menschen zueinander stehen, die miteinander sprechen.

VERSTEHEN HEISST INTERPRETIEREN

Menschen sind keine Maschinen, die beim Sprechen einfach nur einen Code anwenden. Jeder Mensch bringt auch seine Persönlichkeit in die Kommunikation ein und verleiht seiner Sprache eine persönliche Note. Genauso fällt die Interpretation einer Aussage oftmals sehr individuell und unterschiedlich aus. Ein Grund hierfür ist zum Beispiel der Unterschied zwischen Sach- und Beziehungsebene. Ich kann eine Aussage immer auf der sachlichen Ebene (Inhalt) und auf der persönlichen Ebene (Beziehung) interpretieren. Einige Missverständnisse in unserer Alltagskommunikation passieren aufgrund einer Verwechslung von persönlicher und sachlicher Ebene (»Das habe ich gar nicht so gemeint!«).

Und woher wissen wir eigentlich, ob jemand die Wahrheit spricht? Normalerweise setzen wir voraus, dass es stimmt, was unser Gegenüber sagt. Wir tun das, weil wir uns so schnell und unkompliziert austauschen können. Was wäre das für eine Unterhaltung, in der wir jeden Satz kritisch hinterfragen? Allerdings bedeutet das auch, dass du nicht immer mitbekommst, wenn dich jemand anlügt. Was jemand sagt, stimmt nicht immer damit überein, was er wirklich meint und tut. Mit Sprache kann man sich verstellen und Dinge vortäuschen. Und wenn dich jemand nicht verstehen will, dann wirst du ernsthafte Probleme haben, dich verständlich zu machen.

KANNST DU NICHT KOMMUNIZIEREN?

Stell dir vor, du sitzt im Wartezimmer beim Arzt und spielst mit deinem Smartphone. Die anderen Patienten im Raum könnten nun denken, dass du nicht mit ihnen sprechen willst. Für sie kommunizierst du, dass du nicht gestört werden willst. Der Kommunikationspsychologe Paul Watzlawick hat den berühmten Satz aufgestellt: »Man kann nicht nicht kommunizieren.« Er meint damit, dass auch ein Schweigen eine Aussage sein kann, zum Beispiel »Sprich mich nicht an« oder »Ich will in Ruhe gelassen werden«, selbst dann, wenn das so gar nicht beabsichtigt war. Einige Philosophen bezweifeln dies. Sie behaupten, dass jedes Sprechen und Handeln auf eine Absicht zurückführbar sein muss. Kannst du schweigend in einem Raum sitzen, ohne zu kommunizieren? Wenn man die These von Paul Watzlawick ganz genau nimmt, kommuniziert jeder Mensch ständig, sobald er mit anderen Menschen zusammen ist. Selbst wenn du alleine bist, wirst du mit dir selbst kommunizieren und innere Dialoge führen.

Kommunikation ist alles!

Denk an eine Situation, in der du eine Sache unbeabsichtigt kommuniziert hast.

Sitz ohne Absicht mit anderen Menschen in einem Raum.

Erzähle versehentlich einen Witz.

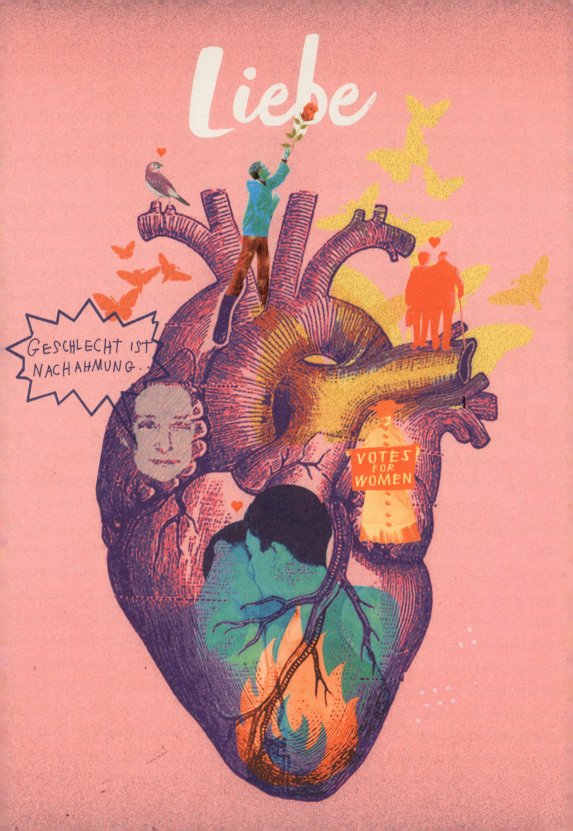

KANN ICH MIR AUSSUCHEN, IN WEN ICH MICH *verliebe?*

Fast jeder kennt das Gefühl, verliebt zu sein. Wer verliebt ist, nimmt die Welt anders wahr. Oft wird das Gefühl des Verliebtseins mit einem Kribbeln im Bauch beschrieben oder mit dem Gefühl, auf Wolke sieben zu schweben. Ebenso macht die Redewendung »Ich bin bis über beide Ohren verknallt« deutlich, dass es sich um einen Zustand handelt, der sich körperlich bemerkbar macht.

Auch Wissenschaftler betonen gern die körperliche Dimension des Verliebtseins. Attraktiv ist zum Beispiel, wer bestimmte äußerliche Merkmale hat. Einige Wissenschaftler behaupten, dass Schönheit und Attraktivität auf symmetrischen Formen beruhen. Je symmetrischer ein Körperbau ist, desto schöner erscheint er uns. Andere wiederum meinen, dass Symmetrie am menschlichen Körper erst dann als schön empfunden wird, wenn es kleine Abweichungen gibt.

Attraktivität zwischen zwei Menschen beruht aber auch auf einem biochemischen Prozess, in dem der Geruchssinn eine wichtige Rolle spielt. Forscher haben herausgefunden, dass Verliebte sich besonders gut riechen können. So witzig das auch klingt, es könnte zu dramatischen Missverständnissen in der Liebe führen. Wissenschaftler vermuten zum Beispiel, dass sich durch die Einnahme der Pille der Geruchssinn und damit auch die Partnerwahl verändert. Ist Liebe also eine Frage von Attraktivität?

Ich kann zwar Eigenschaften benennen, die ich an einer Person schätze und liebe, aber ich kann mir nicht aussuchen, welche Eigenschaften ich mag. Und ich kann Gründe dafür angeben, warum ich eine Person liebe. Jedoch kann ich nicht sagen, warum ich mich genau in diesen Menschen verliebt habe und nicht in einen anderen Menschen mit den gleichen oder ähnlichen Eigenschaften.

Auch wenn Liebe ein universelles Phänomen zu sein scheint und in allen Kulturen vorkommt, sind wir nicht frei in unserer Partnerwahl. Der Philosoph Arthur Schopenhauer und der Psychologe Sigmund Freud glaubten, dass die Liebe dem Sexualtrieb und der Fortpflanzung dient, also letztlich der Erhaltung der eigenen Spezies. Sie sehen in der Liebesfähigkeit des Menschen biologische Mechanismen am Werk, die sich in der Evolution bewährt haben. Wer wen attraktiv findet, ist durch genetische und biologische Merkmale bedingt. Existiert Liebe also nur, um genügend Nachkommen zu garantieren?

DIE ROMANTISCHE LIEBE GIBT ES NOCH GAR NICHT SO LANG

Wie auch immer man Liebe für sich definiert, in kaum einer Beziehung sind wir größeren Gegensätzen ausgesetzt als in unseren Liebesbeziehungen. In ihnen erleben wir die größtmögliche Nähe und Intimität. Die Verbindung aus Sex, emotionalem Vertrauen und sozialer Nähe macht die Partnerschaft meist noch intensiver als die Erfahrung von tiefer Freundschaft und Verbundenheit mit der Familie.

Wer wen heiratete, hatte früher viel damit zu tun, welcher sozialen Schicht man angehörte, wie viel Geld man besaß und welche Vorteile die Ehe

brachte. Liebesbeziehungen waren eine rationale Angelegenheit. Erst ziemlich spät kam die Idee auf, dass man sich aus einer freien und emotionalen Entscheidung heraus an eine andere Person bindet. Die Philosophen sind sich ziemlich einig darüber, dass die Idee der romantischen Liebe ein relativ junges Konzept ist und aus dem 19. Jahrhundert stammt. Nur in einer Zeit wie der Romantik, in der die innere und äußere Gefühlswelt im Mittelpunkt der Kunst stand, konnte sich so etwas wie die Vorstellung von einer besonderen sexuellen und emotionalen Beziehung zwischen zwei Menschen entwickeln. In der Romantik galt die Liebe als Ort gefühlvoller Freiheit in einer ansonsten eher rationalen und unfreien Welt.

Dieses Konzept einer freien und gefühlsbetonten Liebe ist aber wahrscheinlich genauso fragwürdig wie die Vorstellung, dass Liebe eine rein biologische Angelegenheit ist. Die romantische Liebe ist ein Ideal, das auch heute noch in unserer Gesellschaft existiert und unsere Vorstellung von Liebesbeziehungen prägt. Interessant ist die Tatsache, dass viele Menschen in Europa zwar nicht mehr an die romantische Liebe glauben, aber dennoch an den romantischen Idealen festhalten. Einerseits glaubt man nicht mehr daran, dass Beziehungen ein Leben lang halten müssen, doch gleichzeitig wünschen sich viele Menschen einen festen Partner in einer langjährigen Liebesbeziehung.

Liebst du oder willst du geliebt werden?

Die meisten Menschen wollen geliebt werden.

Achte doch heute mal darauf, welche Rolle Liebe in deinen Beziehungen spielt. Magst du die anderen um ihrer selbst willen oder vor allem dafür, dass sie dich mögen?

WAS *verstehen* WIR UNTER LIEBE?

Aus Sicht heutiger Wissenschaft basiert das Gefühl der Liebe auf Vertrautheit, Leidenschaft und Bindung. In der Wissenschaft spricht man dabei von emotionalen, motivationalen und kognitiven Aspekten. Die emotionale Ebene meint alle Gefühle und Werte, die wir mit Intimität verbinden, wie zum Beispiel Vertrauen, Wertschätzung und Respekt. Die motivationale Ebene umfasst die Motive, für die wir lieben. Als Motiv für Liebe ist die sexuelle Befriedigung genauso möglich wie die Vermeidung von Einsamkeit. Auch gemeinsame Interessen können die Basis für eine Liebesbeziehung sein. Der kognitive Aspekt wiederum meint die bewusste Entscheidung, mit einem Menschen zusammenzuleben. Traditionell wird diese Entscheidung mit der Ehe öffentlich gemacht. In Wirklichkeit muss die Entscheidung für das Zusammenleben mit einem anderen Menschen jedoch immer wieder neu getroffen werden, damit die Beziehung ihre Bindungskraft behält. In der Philosophie wird die Liebe zwischen zwei Menschen manchmal als gemeinsamer Wille und als Vereinigung beschrieben. Diese Definition

> »Doch Liebe ... ist nur möglich von Individualität zu Individualität.«
> Kurt Tucholsky

von Liebe ist eine der ältesten und geht auf Aristoteles zurück. Gemeint ist damit, dass Liebe in dem Bedürfnis besteht, eine Vereinigung zu einem »Wir« einzugehen. Bei diesem Aspekt streiten sich die heutigen Philosophen darüber, ob dieses Wir nicht übersieht, dass es sich um zwei Individuen handelt, die sich gegenseitig ja gerade für ihre jeweils eigenen Qualitäten schätzen.

In den letzten 200 Jahren hat sich die gesellschaftliche Vorstellung davon, was Liebe ist, stark gewandelt. Mit der modernen Freiheits- und Gleichheitsbewegung im 18. Jahrhundert und mit der Gleichberechtigung von Männern und Frauen haben sich auch unsere Liebesleben grundlegend geändert. Lange Zeit dachte man, dass es Liebesbeziehungen nur zwischen Mann und Frau geben soll. Bis heute gilt die Familie mit Kindern in unserer Gesellschaft als wichtigstes Symbol für die Liebe zwischen zwei Menschen.

Wir wissen aber nicht nur, dass viele Menschen bisexuell veranlagt sind. Wir stellen außerdem fest, dass Liebesbeziehungen in allen möglichen Konstellationen vorkommen, unabhängig von sexueller Orientierung und Geschlecht. Auch für die Familie gibt es nicht mehr nur das klassische Ideal. Durch Scheidungen und Trennungen entstehen zum Beispiel sogenannte Patchwork-Familien und Familien mit alleinerziehenden Müttern und Vätern. Es entwickeln sich außerdem neue Familienmodelle mit gleichgeschlechtlichen Partnern, die genauso wie andere Familien ihre Kinder aufziehen. Kein Wunder also, dass Menschen sehr unterschiedliche Vorstellungen davon haben, was Liebe ausmacht.

Glaubst du an Liebe auf den ersten Blick?

Male dir aus, die ersten Menschen wären kugelrund gewesen. Diese Menschenkugeln waren nicht ein Mensch, sondern zwei Menschen, die gemeinsam durch ihr Leben rollten.

Eines Tages wurden die Menschen getrennt und seitdem sucht jede Hälfte ihre andere, zweite Hälfte. Einige Menschen sprechen dabei sogar von ihrer besseren Hälfte, da sie ohne die andere Hälfte unvollständig sind. Diese Geschichte von den Kugelmenschen stammt von dem Philosophen Platon. Sie gibt uns eine einfache Erklärung für die Sehnsucht des Menschen nach dem einen und perfekten Partner auf dieser Welt.

Hast du eine Erklärung für die direkte Vertrautheit zwischen zwei Menschen (Stichwort Seelenverwandtschaft) und Liebe auf den ersten Blick? Ist der Mensch auf eine Partnerschaft und Liebesbeziehung angewiesen, um vollständig zu werden?

WIRD MAN ALS FRAU ODER MANN *geboren?*

Stell dir vor, im nächsten Sommer würden alle Männer im Bikini schwimmen gehen. Oder alle Männer im Iran tragen plötzlich einen Schleier. Was gilt als normal in unserer Gesellschaft? Was meinen wir, wenn wir in »männlich« und »weiblich« unterscheiden? Geht es um biologische Unterschiede, um körperliche Geschlechtsmerkmale? Oder geht es darum, wie man sich verhält? Ist es irritierend, wenn uns auf der Straße Menschen begegnen, bei denen wir nicht direkt einordnen können, ob sie männlich oder weiblich sind?

Im 20. Jahrhundert haben viele Philosophinnen und Soziologinnen die konventionelle Rolle der Frau in der Gesellschaft kritisiert. Insbesondere zwei Erkenntnisse verändern unsere gesellschaftlichen Vorstellungen über die Identität von Geschlechtern, wenn wir diesen Kritikerinnen folgen: 1. Man kommt nicht als Frau oder Mann zur Welt, sondern man bekommt in der Gesellschaft weibliche oder männliche Rollenbilder zugeschrieben. 2. Heterosexualität ist nicht die einzige Art normaler Sexualität, sie ist nur eine Form von Sexualität unter vielen.

Was ist damit gemeint, dass man nicht als Frau oder Mann geboren wird? Heißt das, dass es zwischen Frauen und Männern keine biologischen Unterschiede gibt? Erst einmal muss man sich klar machen, dass nicht immer dasselbe gemeint ist, wenn man davon spricht, dass jemand weiblich oder männlich ist. Damit kann das biologische Geschlecht gemeint sein, muss es aber nicht! Es gibt in unserer Gesellschaft einen Unterschied zwischen »eine Frau sein« und »weiblich« sein sowie zwischen »ein Mann sein« und »männlich« sein. Ein Mann zu sein ist an biologische Merkmale gebunden. »Männlich« ist hingegen eine Eigenschaft, die auch auf Frauen zutreffen kann. Von einer

Frau mit einer sehr tiefen Stimme könnte man vielleicht sagen, sie habe eine männliche Stimme. Genauso können auch Männer mit bestimmten Accessoires, einer kleinen Handtasche oder einem eleganten Gang zum Beispiel, als »weiblich« beschrieben werden. Die Wörter »männlich« und »weiblich« können sich also auf das biologische Geschlecht beziehen oder aber auch ein bestimmtes Aussehen oder Verhalten beschreiben. Um diese beiden Ebenen zu trennen, unterscheidet man in der Geschlechterforschung zwischen dem biologischen und dem sozialen Geschlecht eines Menschen. Letzteres bezeichnet die sozialen Eigenschaften, die mit einem Geschlecht verbunden werden.

GESCHLECHT IST ETWAS, DAS MAN NICHT IST, SONDERN TUT

Das biologische Geschlecht wird von den Geschlechtschromosomen (XX oder XY) bestimmt und zeigt sich in der körperlichen Ausprägung von primären und sekundären Geschlechtsmerkmalen. So weit, so einfach. (Wobei selbst das nicht auf alle Menschen zutrifft, denn es gibt Menschen, die mit männlichen und weiblichen Geschlechtsmerkmalen auf die Welt kommen oder die nicht die für ihre Geschlechtschromosomen typischen sekundären Geschlechtsmerkmale ausbilden!)

Traditionellerweise wird unser biologisches Geschlecht als Ursache für unser soziales Geschlecht betrachtet. Man geht zum Beispiel oft davon aus, dass Frauen natürlicherweise bestimmte Eigenschaften und Verhaltensweisen haben, dass sie fürsorglich sind und sich gern um Kindern kümmern (schließlich gebären sie die Kinder). Männer sind von Natur aus kräftiger und beweisen das gern beim Sport. Das biologische Geschlecht beeinflusst so die Fähigkeiten und Verhaltensweisen der Menschen.

Typisch Mann, typisch Frau!?

Mach eine Liste mit weiblichen und männlichen Eigenschaften.

Fühlst du dich männlich oder weiblich?

Kommt dieses Gefühl aus deinem Inneren oder entsteht es dadurch, wie du von anderen wahrgenommen wirst?

»Geschlecht ist eine Nachahmung ...
sich zu vergeschlechtlichen bedeutet
die Nachahmung eines Ideals, das
niemand vollkommen einnimmt.«
Judith Butler

Die amerikanische Philosophin Judith Butler behauptet, dass es nicht die biologischen Merkmale sind, die beispielsweise Frau und Mann voneinander unterscheiden. Natürlich gibt es verschiedene Gene und verschiedene biologische Geschlechtsmerkmale, aber sie haben keine weiteren Folgen für die soziale Identität. Es gibt ja auch Menschen mit grünen und Menschen mit braunen Augen – aber das hat keine Bedeutung dafür, welche Eigenschaften oder welches Verhalten sie sonst so haben! Für Judith Butler ist es mit der Geschlechtsidentität ähnlich: Unser Geschlecht ist keine Frage des Seins, sondern eine Frage des Handelns. Nicht das biologische Geschlecht ist entscheidend, sondern das Geschlechtsverhalten macht den Unterschied, also die Dinge, die wir tun. Die soziale Geschlechtsidentität wird durch unser konkretes Verhalten bestimmt: Wie wir uns kleiden, wie wir uns bewegen, welchen Hobbys wir nachgehen.

Eine wesentliche Erkenntnis der Geschlechterforschung ist daher, dass es keine genetische Entsprechung zwischen biologischem und sozialem Geschlecht gibt, die für alle Menschen eines Geschlechts gilt. Unsere Rollenverständnisse sind gesellschaftlich entstanden, und das, was wir damit verbinden, ist nicht ein für alle Mal festgelegt. Das soziale Geschlecht und die Geschlechterrollen sind vielmehr veränderbar.

Diese These widerspricht der Evolutionspsychologie, für die es eine konkrete Entsprechung zwischen biologischen Merkmalen und Sozialverhalten gibt. Manche Evolutionspsychologen und Evolutionsbiologen behaupten, dass unsere Gene und Hormone maßgeblich unsere Charaktereigenschaften prägen und darüber entscheiden, ob wir uns männlich oder weiblich verhalten.

WIE NORMAL IST *normal?*

Wenn alle Männer im Bikini schwimmen gingen, würde das unser Bild von Männlichkeit verändern. Denn bisher war es ja normal, dass nur Frauen einen Bikini tragen. Die gesellschaftlichen Konventionen und Vorstellungen, was als männlich und was als weiblich gilt, können sich innerhalb einer Gesellschaft wandeln. Im 18. Jahrhundert war es zum Beispiel in Europa normal, dass Männer in der Öffentlichkeit enge Strumpfhosen trugen. Heute ist es ein Zeichen für weibliches Verhalten, Strumpfhosen zu tragen.

Woher kommt es dann, dass wir trotzdem bestimmtes Verhalten als normal, als typisch männlich und typisch weiblich ansehen? Der Grund ist eine Art Gewöhnungsprozess, den man Normalisierung nennt. Jeder Mensch hat bestimmte Vorstellungen davon, wie andere Menschen sich verhalten und was als normal gilt. Ebenso haben wir konkrete Vorstellungen von Männlichkeit und Weiblichkeit in unseren Köpfen. Sie beruhen auf Erfahrungen, die wir mit Geschlechterrollen gemacht haben, zum Beispiel, wie unsere Eltern und Geschwister sie uns vorgelebt haben. Daneben spielen aber auch gesellschaftliche Erwartungen und Geschlechterideale eine Rolle. Mit Geschlechteridealen sind Verhaltensnormen verbunden, also Regeln dafür, wie sich eine Person eines Geschlechts normalerweise verhalten sollte. Wenn wir bestimmte Rollenideale und Verhaltensregeln oft genug erleben, halten wir sie irgendwann für natürlich. Je mehr Menschen eine Verhaltensregel als nor-

mal anerkennen, desto selbstverständlicher wird sie für eine Gesellschaft und desto mehr wird auch erwartet, dass sich alle an diese Regel halten. In den Medien können sich solche Regeln zu Stereotypen verdichten: auf der einen Seite der perfekte Mann, auf der anderen Seite die perfekte Frau! Männer gelten von Natur aus als aggressiv und dominant, Frauen sind normalerweise ausgeglichen und sensibel. Dabei stellen wir automatisch einen Zusammenhang zwischen biologischem und sozialem Geschlecht her, der faktisch nicht immer da ist.

NORMAL IST, WAS WIR GEWOHNT SIND!

Normalisierungen dieser Art sind unvermeidbar und sogar notwendig. Wir brauchen Verhaltensnormen, um einschätzen zu können, wie sich andere verhalten und was wir von ihnen erwarten können. Im Alltag sind wir auf Regeln angewiesen, so können wir zum Beispiel nicht in jedem Gespräch neu definieren, was wir unter männlich oder weiblich verstehen. An der Normalisierung von Geschlechtereigenschaften ist also an sich nichts auszusetzen oder grundlegend falsch. Sie führt nur manchmal dazu, dass wir uns an etwas orientieren, das es so gar nicht gibt. Denn unser Verhalten oder das Verhalten der anderen stimmt nicht immer mit der gesellschaftlichen Normalität überein. Wie man am Beispiel der Mode sieht, sind Geschlechterrollen nichts Naturgegebenes, sondern sie werden gesellschaftlich festgelegt. Außerdem gibt es kein rein spezifisch weibliches und spezifisch männliches Verhalten, sondern eine ganze Bandbreite dazwischen – fürsorgliche Väter und Fußball spielende Mädchen.

Problematisch wird die Normalisierung dann, wenn die sozialen Aspekte von Geschlecht als natürliche Tatsachen erscheinen und nicht mehr hinterfragt werden. Soziales Verhalten hat aber nicht nur biologische, sondern auch gesellschaftliche Gründe. So entscheidet beispielsweise nicht immer das biologische Geschlecht über den Beruf und die Rolle, die man in einer Gruppe einnimmt. Die Tatsache, dass mehr Männer als Frauen in Führungspositionen sind, hat oftmals soziale Gründe. Wenn Normalität als natürlich und unveränderlich angesehen wird, kann man schnell übersehen, dass kleinere Abweichungen von der Norm eigentlich auch normal sind. Nirgendwo sind diese Abweichungen offensichtlicher als an unseren Körpern.

Das Geschlecht einer Person ist vielschichtiger und komplexer, als wir es in unserem Alltag begreifen, darauf macht uns die Geschlechterforschung aufmerksam. Auch die Zweigeschlechtlichkeit (man ist entweder männlich oder weiblich!) ist eine vereinfachende Konstruktion, die alles andere als natürlich ist, denn es gibt mehr Geschlechtsidentitäten als »männlich« und »weiblich«. Es gibt beispielsweise »gemischte« Geschlechtsidentitäten wie Transgender, wenn das biologische und soziale Geschlecht nicht übereinstimmen. Und man spricht von Intersexualität, wenn man bei einer Person kein biologisch eindeutig männliches oder weibliches Geschlecht feststellen kann. In Ländern wie Indien und Schweden sind Transgender und Intersexualität als drittes Geschlecht offiziell anerkannt. Dadurch ist ein drittes Geschlecht dort Teil des gesellschaftlichen Normalisierungsprozesses geworden.

Der Geschlechterforschung geht es um das Aufbrechen von starren Denkmustern. Wenn wir erkennen, dass gesellschaftlich etablierte Geschlechtsunterschiede nicht natürlich, normal und unveränderlich sind, gewinnen wir neue Freiheit für unser Handeln. Wir können mit den vorherrschenden Geschlechterrollen spielen, sie durchbrechen und unser soziales Geschlecht nach unseren eigenen Vorstellungen leben. Und wenn schon die Einteilung in »männlich« und »weiblich« nicht ganz eindeutig ist, dann ist auch die Sexualität des Menschen vielfältiger als das, was wir gesellschaftlich als normal ansehen.

Einfach mal so tun, als sei man ein anderes Geschlecht

Versuche dich eine Stunde (wenn du mutig bist, auch einen Tag) lang zu verhalten, als hättest du ein anderes Geschlecht. Du kannst auch zuvor Beobachtungen anstellen: Wer sitzt breitbeinig auf dem Sitz, einen Arm über die Lehne des nächsten Sitzes gelehnt? Wer legt beim Sprechen häufiger den Kopf schief? Wer macht welche Geräusche, wer macht Pausen und wer unterbricht den anderen? Fühlst du dich anders, wenn du dich anders verhältst?

Gesell-
schaft

WAS IST EIGENTLICH Gesellschaft?

Man kann sie nicht vollständig sehen oder vollständig erklären. Man kann sie beschreiben und versuchen zu verstehen. Niemand weiß, wohin sie sich entwickelt. Fest steht nur, dass sie sich permanent verändert – die Gesellschaft. Wir werden beispielsweise immer älter. Krankheiten, die früher tödlich waren, sind heute heilbar. Noch vor 100 Jahren haben viel mehr Menschen als heute auf dem Land gelebt und gearbeitet. Erst im letzten Jahrhundert haben Frauen in der europäischen Gesellschaft das Recht erhalten, wählen zu gehen. Vor 20 Jahren hatten wir noch keine Smartphones und keine sozialen Netzwerke. Heute gehören sie wie selbstverständlich zu unserem Lebensstandard. Im 21. Jahrhundert schicken wir Informationen innerhalb von Sekunden um die ganze Welt. Vielleicht können wir uns bald im virtuellen Raum begegnen und Dinge zusammen unternehmen, obwohl wir an verschiedenen Orten sind. Das Wissen und die Kommunikationsgewohnheiten einer Gesellschaft hängen wesentlich von ihren technischen, wissenschaftlichen, politischen und ökonomischen Entwicklungen ab. Zum gesellschaftlichen Massenphänomen könnte beispielsweise die mobile Kommunikation erst werden, als mobile Endgeräte mit einer ausgereiften Technologie weltweite Verbreitung gefunden hatten.

Ein wichtiger Motor für diese Verbreitung ist die Globalisierung. Der Prozess der Globalisierung ist auf keine kulturelle, politische oder religiöse Identität festgelegt und erfasst alle Gesellschaften und Kulturen, meint der in Indien geborene Soziologe Arjun Appadurai. Globalisierung lässt sich für jede Gesellschaft in fünf zentralen Aspekten beschreiben: Finanzen, Technologien, politische und wissenschaftliche Ideen, Medien und menschliche

Mobilität. Hier ein Beispiel für eine wissenschaftliche Idee in unserer Gesellschaft: Früher glaubten die Menschen, dass unsere Erde eine Scheibe ist. Aufgrund neuer Entwicklungen und Erkenntnisse in Wissenschaft, Politik und Technik konnte nach und nach berechnet werden, dass die Erde rund ist. Erst im 20. Jahrhundert war es möglich, Fotos aus dem All zu machen, die unsere Erde als Kugel zeigen. Heute sprechen einige Wissenschaftler und Ingenieure sogar von einer möglichen Mars-Besiedlung durch die Menschheit. Ob das ein realistisches Projekt unseres Jahrhunderts sein wird oder vorerst eine Zukunftsvision bleibt, hängt vor allem von den technischen, ökonomischen, politischen und wissenschaftlichen Entwicklungen ab.

Jeder Mensch ist ein Mitglied unterschiedlicher Gemeinschaften. Die erste Gemeinschaft im Leben ist meist die Familie. Allerdings ist die Familie nur ein kleiner Bestandteil der Gesellschaft, in der wir leben. Die Familie selbst wiederum ist in soziale Netzwerke eingebunden. Es gibt Klassen- und Nachbarschaftsgemeinschaften, Studentenvereine, Sportclubs, Stammkneipen, religiöse und politische Gemeinschaften. Dazu kommen die zahlreichen digitalen Netzwerke. Jedes Individuum ist ein Teil mehrerer Gemeinschaften, und sie alle tragen zur Identität des Menschen bei. Die Soziologie hat für die unterschiedlichen Formen der Gemeinschaft einen allgemeinen Begriff: die Gesellschaft. Ohne Gesellschaft geht gar nichts. Wir sind alle ein Teil von Nationalstaaten und Staatengemeinschaften. Die größte Gesellschaft, die wir kennen, ist die globalisierte Weltgesellschaft. Letztere ist keine Eine-Welt-Kultur, die man mit einer in sich geschlossenen Theorie beschreiben könnte. Die soziale Wirklichkeit der Weltgesellschaft ist bunt und vielfältig.

Wie Technik die Gesellschaft verändert

Wenn Autos im Straßenverkehr mit Autopilot fahren können, werden dann Kinder und Jugendliche ohne Führerschein und ohne Begleitung von Erwachsenen damit fahren dürfen

WAS WÄRE, WENN ES KEINE GESELLSCHAFT GÄBE?

Es ist unmöglich, sich ein Leben ohne Gesellschaft vorzustellen. Ahnst du es bereits? Genau! Philosophen haben das Unmögliche versucht und sich einen Zustand ohne Gesellschaft vorgestellt, um zu verstehen, was unsere Gesellschaft ist und wie sie funktioniert. Das berühmteste Gedankenexperiment dazu hat der englische Philosoph Thomas Hobbes entworfen:

Gesetzt den Fall, die Menschen hätten ursprünglich mal nicht in Gesellschaften gelebt, sondern alle Menschen hätten sich gegenseitig bekämpft. Jeder gegen jeden. Was du besitzt, könnte dir jederzeit genommen werden. Selbst dein Leben wäre zu jedem Zeitpunkt in Gefahr. Auf Freunde und Familie wäre kein Verlass, da jeder nur an seinen eigenen Vorteil denkt. Thomas Hobbes hat diesen Zustand mit folgendem Satz auf den Punkt gebracht: »Der Mensch ist dem Menschen ein Wolf.«

MENSCHLICHES ZUSAMMENLEBEN VOR DER GESELLSCHAFT

Der englische Philosoph Thomas Hobbes stellt sich den Naturzustand des Menschen als einen Kampf aller gegen alle vor. Den zivilisierten Zustand unserer Gesellschaft hält er nicht für selbstverständlich! Da die Gesellschaft theoretisch jederzeit in ihren chaotischen Naturzustand zurückfallen könnte, muss jeder Einzelne einen Vertrag mit der ganzen Gesellschaft unterschreiben. In dem Vertrag steht, dass du dem Staat die Macht und die Rechte überträgst, dich zu beschützen. Der Staat hilft dem Individuum, sich selbst zu erhalten, und sorgt so dafür, dass der Krieg aller gegen alle aufhört. Der Gesellschaftsvertrag ermöglicht dir Schutz, Eigentum und ein friedliches Zusammenleben mit anderen Menschen.

Damit du als Bürger deine Sicherheit bekommst, erhält der Staat das alleinige Gewaltmonopol. Das bedeutet, dass er in deinem Namen deine Rechte und die allgemeinen Gesetze verteidigen und notfalls auch mit Gewalt durchsetzen darf. Die staatliche Herrschaft ist unbegrenzt und alle Mittel sind erlaubt, um den Naturzustand zu beenden. Dadurch kann der Staat beliebig über die geltenden Rechte entscheiden, ohne selbst an diese Rechte gebunden zu sein. In dieser Vertragsfassung ist auch ein absolutistischer Staat möglich, also eine Monarchie. Ein Recht auf Widerstand hast du nur, wenn die Staatsmacht ihrer Pflicht der Friedenssicherung nicht nachkommen sollte.

WELCHEN VERTRAG HAST DU
unterschrieben?

Es gibt mehrere Grundlagen, auf denen du deinen Gesellschaftsvertrag abschließen kannst. Akzeptierst du deinen Gesellschaftsvertrag, weil du ohne ihn Angst hättest, überfallen und getötet zu werden? Dann brauchst du den Vertrag vor allem als Schutz vor anderen und für die eigene Sicherheit. Dein Vertragspartner ist hierbei der Philosoph Thomas Hobbes. Es ist ein Deal, der dir deine Rechte und Freiheiten nur dann garantiert, wenn du dich dem Staat vollständig unterordnest.

Möglicherweise bist du aber auch der Meinung, dass dir von Natur aus das Recht auf Leben, Freiheit und Eigentum zusteht! Im Naturzustand sind die Menschen gar nicht so schlecht, und deswegen glaubst du, dass Freiheit und Gleichheit der natürliche Zustand des Menschen sind. Dann unterzeichnest du den Gesellschaftsvertrag, weil du an die Stärke menschlicher Bindung und an die Freiheit des menschlichen Individuums glaubst. Dein Vertragspartner heißt hier John Locke, ein englischer Philosoph aus dem 17. Jahrhundert, der unsere Vorstellung vom liberalen Staat bis heute prägt. Er gilt als Urvater des liberalen Individualismus: Das Individuum ist letztlich wichtiger als der Staat! Auch hier droht zwar die Gefahr eines möglichen Kriegszustands, aber anders als bei Hobbes musst du dich der Staatsmacht nicht vollständig unterwerfen. Die Regierung garantiert auch hier den Frieden in der Gesellschaft, sie muss sich aber auch selbst an ihre Gesetze halten. Die liberale Staatsmacht hat nicht das alleinige Gewaltmonopol und die Macht der Regierung ist vor allem dafür da, das Gemeinwohl zu schützen und zu verwalten.

Anders als John Locke bewertete die Vertragslage Jean-Jacques Rousseau, ein französischer Philosoph aus dem 18 Jahrhundert. Er war zwar ein Pessimist, was den kulturellen Fortschritt der Gesellschaft anging, denn der bisherige Gesellschaftsvertrag war für ihn ein Machtmittel, mit dem sich die Reichen ihre privilegierte Position in der Gesellschaft und den eigenen Besitz sicherten. Aber Rousseau war überzeugt davon, dass der Mensch in seinem Kern gut und frei ist. Diese Freiheit müsse sich auch im Gesellschaftsvertrag widerspiegeln. Rousseau schlug daher einen Gesellschaftsvertrag vor, in dem jeder Einzelne entscheidet und jede einzelne Stimme zählt. Politische Entscheidungen sollen weder von Königen noch von Repräsentanten getroffen werden, die vom Volk zu ihren Vertretern gewählt wurden, sondern von den Menschen selbst.

Rousseaus ideale politische Gemeinschaft wäre heute die direkte Demokratie, in der die wichtigen Gesetze und Beschlüsse einer Gesellschaft über eine Direktwahl aller entschieden werden. Ein Beispiel für diese demokratische Herrschaftsform ist die Schweiz, wo das Volk in Direktwahlen über politische Sachfragen entscheiden kann. Die über die Direktwahl erreichte Verbindung aller einzelnen Individuen ergibt für Rousseau einen gemeinsamen, allgemeinen Volkswillen. Nur dieser Gemeinwille soll Grundlage für das politische System und die Gesetze unserer Gesellschaft sein. Für Rousseau gilt ganz klar: Die Gemeinschaft ist wichtiger als das Individuum! Wer sich dem Gemeinwillen und dem Gemeinwohl widersetzt, muss notfalls vom Staat zu seiner Freiheit gezwungen und erzogen werden. Eine Bedingung für die Umsetzung dieser besonderen Form des Gesellschaftsvertrags ist, dass die Bevölkerung nicht allzu groß ist und einen starken gemeinschaftlichen Zusammenhalt hat. Und so lautet Rousseaus Motto auch: Einer für alle und alle für einen!

> »Die Tradition der Unterdrückten belehrt uns darüber, dass der Ausnahmezustand, in dem wir leben, die Regel ist.«
> Walter Benjamin

IST DER MENSCH GUT ODER böse?

Hast du dir schon mal die Frage gestellt, ob der Mensch gut oder böse ist? Interessanterweise hängt mit dieser Frage die Rolle der Gesellschaft zusammen. Je nachdem, wie man nämlich den Menschen beurteilt, ändert sich auch die Bewertung der Gesellschaft. Für die einen ist der Mensch von Natur aus eher egoistisch und braucht deshalb die Gesellschaft, um für Ordnung und Frieden zu sorgen. Für die anderen sind Kooperation und gemeinsames Handeln natürliche Züge des Menschen, aber die Gesellschaft hat einen schlechten Einfluss auf ihn. Ist der Mensch wirklich gut oder böse? Und schließt das Verfolgen eigener Interessen aus, dass Menschen gemeinsame Interessen haben und gemeinsam handeln?

Der Mensch ist von Natur aus gut! Es ist Jean-Jacques Rousseau, der im 18. Jahrhundert seine Zeitgenossen mit dieser Idee provoziert. Er spricht vom glücklichen und freien Naturmenschen, der erst durch die Gesellschaft schlecht und unfrei wird. Solange der Naturmensch allein lebe, hätte er keinen Grund, böse zu sein. Für Rousseau wird der Mensch durch seine äußeren Einflüsse und Umstände zu einem schlechten Menschen. Das Böse entsteht also erst im Zusammenleben mit anderen Menschen. Was für eine radikale Kritik an der Gesellschaft! Dennoch ist der einzelne Mensch auf eine politische Gemeinschaft angewiesen, um zu überleben. Rousseau glaubt sogar, dass die Gemeinschaft wichtiger ist als das freie Individuum.

Der Mensch ist von Natur aus egoistisch und selbstsüchtig! Für Thomas Hobbes strebt der Mensch von Natur aus nach Ruhm, Ansehen und Selbsterhaltung auf Kosten anderer. Da der Naturzustand ein Kriegszustand ist, braucht der Mensch den Gesellschaftsvertrag, um in Frieden leben zu können.

»Die herrschenden Ideen einer Zeit waren stets nur die Ideen der herrschenden Klasse.«
Karl Marx

Auch der deutsche Philosoph Arthur Schopenhauer sieht den Egoismus als Haupttriebfeder des Menschen. Er glaubt, dass der Mensch ein Opfer seiner Instinkte, Triebe und seines Wollens ist. Das Zusammenleben in der Gesellschaft vergleicht Schopenhauer mit Stachelschweinen im Winter, die sich aneinander reiben und gegenseitig verletzen. Ein Lichtblick bei Schopenhauer ist das Mitleid: Es bringt den Menschen dazu, dass er Gutes tut.

Der Mensch ist von Natur aus gut und Gerechtigkeit ist ein Naturrecht! Viel optimistischer ist der britische Philosoph und Aufklärer John Locke. Für ihn kommt jeder Mensch mit den gleichen Voraussetzungen auf die Welt. Alle Menschen sind vernunftbegabt, daher ist der Naturzustand der Gesellschaft auch kein Krieg aller gegen alle. Menschen kooperieren und folgen instinktiv einem Naturrecht, zu dem auch Gerechtigkeit und individuelle Freiheit gehören. Der Gesellschaftsvertrag ist dafür da, diese Rechte zu schützen. Die heutige Vorstellung von Menschenrechten und gesellschaftlichen Werten geht auf die Gedanken von John Locke zurück.

Schwarz-weiß

Fällt mir spontan eine Person ein,

die so richtig gut oder böse ist?

IN WELCHER GESELLSCHAFT WILL ICH *leben?*

In jeder Familie werden Aufgaben im Haushalt verteilt. Die meisten Kinder müssen bestimmte Arbeiten übernehmen, in der Küche, im Garten oder im eigenen Zimmer. Aber nach welchen Kriterien werden die Aufgaben verteilt? Jede Familie muss diese Frage für sich selbst klären, denn es gehört zu einer Gemeinschaft, dass es bestimmte Regeln gibt, nach denen sie lebt. Wahrscheinlich findest du es gerecht, dass du dein Zimmer aufräumen sollst. Aber wie oft und wie sauber es sein muss, darüber lässt sich streiten. Und was ist mit Staubsaugen, Kochen und Putzen? Wer bringt den Müll raus? Vielleicht hast du Geschwister und ihr dürft einen Teil dieser Arbeit unter euch aufteilen. Da gibt es den älteren Bruder und die jüngere Schwester. Macht jeder das, was ihm Spaß macht? Oder geht es darum, dass jeder das macht, was er gut kann? Sollte jeder gleich viel leisten?

Wie die Familie braucht auch eine Gesellschaft bestimmte Regeln für ihr Zusammenleben. Wie diese Regeln aussehen, ist jedoch verhandelbar. Ein entscheidender Konflikt besteht darin, dass die Mitglieder einer Gesellschaft unterschiedliche Interessen und Vorlieben haben. Einerseits sind wir alle Individuen, die sich voneinander unterscheiden. Wir haben Stärken und Schwächen und keiner ist wie der andere. Andererseits sind wir vor dem Gesetz gleich und wir wollen gleich behandelt werden. Fast jeder würde sich wohl wünschen, dass es in unserer Gesellschaft gerecht zugeht, egal wie arm oder reich jemand ist.

TUT IM IDEALEN STAAT JEDER, WAS ER AM BESTEN KANN?

Jeder soll einfach das tun, was er am besten kann! Klingt nach einer perfekten Lösung, mit der alle zufrieden sein müssten. Der Philosoph Platon hat sich vor 2500 Jahren einen idealen Staat ausgedacht. Gerecht wäre es, wenn jeder Bürger einzig und allein das tut, wozu er von Natur aus am besten geeignet ist. Bloß, woher weiß ich, was das ist?

In Platons Gesellschaft gibt es drei unterschiedliche Klassen. Zur untersten und größten Klasse gehören die Bauern, Handwerker, Händler und Banker. Danach folgt die Klasse der Wächter, die die gesamte Gesellschaft überwachen und schützen. In der obersten Klasse sollten die Philosophen regieren, die mit ihrer Weisheit und Erfahrung die besten Entscheidungen zum Wohl aller treffen. Die Gerechtigkeit des Idealstaats besteht darin, dass jeden seine Arbeit und Funktion in der Gesellschaft vollkommen ausfüllt. Jeder soll das Seinige tun.

Die Gestaltung des Staates beruht auf dem Prinzip, dass jeder Bürger allein die Arbeit verrichtet, für die er die meisten natürlichen Anlagen besitzt. Was jemand kann, entspricht auch seinem Interesse. Idealer Staat und individuelle Fähigkeiten des Einzelnen bilden hier eine Einheit zum Wohl der ganzen Gemeinschaft.

Platons idealen Philosophenstaat hat es übrigens nie gegeben. Die Stände- und Klassengesellschaft hingegen schon. Sie hat sich über lange Zeit hinweg gehalten und bildet die Grundlage der Gesellschaften in Europa.

WIE RICHTET MAN EINE FAIRE GESELLSCHAFT EIN?

Wenn wir eine Gesellschaft wollen, in der alle Menschen gleich behandelt werden, stellt sich die Frage, wie man Gleichheit und Fairness erreichen kann. Durch gleichen Besitz oder durch gleiche Rechte? Haben alle Menschen die gleichen Chancen verdient? Der amerikanische Philosoph John Rawls hat sich ein berühmtes Gedankenexperiment für eine faire Gesellschaft ausgedacht. Angenommen, du bist Teil einer politischen Gruppe und kannst über die Regeln und Gesetze deiner Gesellschaft abstimmen. Es ist auch möglich, neue Gesetze zu machen und die Gesellschaft so von Grund auf zu ändern. Allerdings weiß keiner in der Gruppe, welchen Platz er in der Gesellschaft haben wird. Du kennst weder dein Geschlecht noch dein Alter, auch nicht deine körperlichen Fähigkeiten, deinen Besitz, deine Herkunft, deine Intelligenz oder Leistungskraft. John Rawls nennt dies den Schleier des Nichtwissens.

Denn theoretisch kann jeder auf den untersten Plätzen einer Gesellschaft landen. Das macht es wahrscheinlich, dass du faire und unparteiische Entscheidungen triffst, sodass Reichtum und Wohlstand gleich verteilt werden.

Wenn du nicht weißt, welchen Platz du in der Gesellschaft haben wirst, setzt du dich dann für faire Bedingungen ein? Oder hoffst du darauf, dass du auf einem der vorderen Plätze landest? Wenn zwei Menschen in ihrem Beruf die gleiche Leistung bringen, aber unterschiedlich viel Geld verdienen, weil zum Beispiel der eine älter ist als der andere, ist das fair oder unfair? Und sollte jemand mit mehr Macht und Verantwortung auch mehr Gehalt bekommen? Kann es eine Gesellschaft geben, in der alle gleich viel verdienen?

Fair oder unfair?

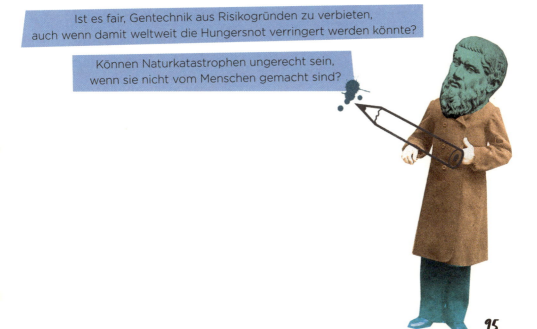

Ist es möglich, dass Menschen wählen, ohne ihre ganz persönlichen Interessen zu verfolgen?

Würde ein Rassist es gerecht finden, als Farbiger schlechter behandelt zu werden?

Sollte Wählen zu einer Pflicht erklärt werden, bei der Strafe droht, wenn sie nicht erledigt wird?

Ist es fair, Gentechnik aus Risikogründen zu verbieten, auch wenn damit weltweit die Hungersnot verringert werden könnte?

Können Naturkatastrophen ungerecht sein, wenn sie nicht vom Menschen gemacht sind?

WER IST WICHTIGER, DIE GEMEINSCHAFT ODER *ich?*

Stell dir vor, deine zwei jüngeren Geschwister haben einen Schokoladen-Kirsch-Kuchen gebacken. Es ist ein riesiger Kuchen und die Küche sieht aus wie Sau. Alles ist beschmiert und das dreckige Geschirr türmt sich. Du kommst nach Hause und freust dich über ein leckeres Stück Kuchen. In deiner Familie gibt es die Vereinbarung, dass die Küche immer so hinterlassen werden soll, wie sie vorgefunden wurde. Deine zwei Geschwister bitten dich nun, den Abwasch in der Küche zu übernehmen. Wie reagierst du? Du könntest es gerecht finden, dass du das Aufräumen übernimmst, da du ja Kuchen essen durftest, obwohl du gar nicht mitgebacken hast. Oder sollten diejenigen, die die Küche dreckig gemacht haben, sie auch wieder sauber machen? Sie hatten ja schließlich auch den ganzen Spaß beim Backen.

Wie du dich entscheidest, hängt unter anderem davon ab, wie sehr du dich mit deinen Geschwistern verbunden fühlst. Stellst du dein individuelles Interesse über die Gemeinschaft oder ist dir die Gemeinschaft in dieser Situation wichtiger? In der Soziologie unterscheidet man zwischen Gemeinschaft und Gesellschaft. Die Gemeinschaft besitzt ein starkes Wir-Gefühl mit einem großen sozialen Zusammenhalt. In der traditionellen Gemeinschaft ordnet sich das Individuum der Gemeinschaft unter, weil es sich als Teil eines größeren Ganzen fühlt. In einer Gesellschaft sind die Beziehungen zwischen den Menschen unverbindlicher. Allein die Menge an Menschen führt dazu, dass sich nicht alle persönlich kennen. Eine Gesellschaft umfasst viele Gemeinschaften. In den westlichen Ländern verstehen wir uns heute als moderne Gesellschaften, in denen das Individuum eine hervorgehobene Stellung hat. In modernen Gesellschaften legen wir daher besonders viel Wert auf den Schutz der individuellen Rechte und Freiheiten, unabhängig davon, in welchen kulturellen Gemeinschaften man lebt. Moderne Gesellschaften sind daher grundsätzlich offen für die Vielfalt menschlicher Identität.

ALLE ZUSAMMEN ODER JEDER FÜR SICH

Der deutsche Philosoph Jürgen Habermas glaubt, dass das Zwischenmenschliche die wichtigste Grundlage einer Gesellschaft ist. Daher ist es nicht die Individualität, die zählt, sondern die Intersubjektivität. Intersubjektivität ist das, was zwischen zwei Menschen stattfindet. In der modernen Gesellschaft gibt es zwei verschiedene Verhaltensweisen. Einerseits sehen moderne Individuen den anderen als Mittel, um die eigenen Interessen zu erreichen. Der andere wird zum Instrument für die eigenen Zwecke gemacht, dies nennt man in der Philosophie instrumentelle Vernunft. Sie achtet auf Geld, Macht, Aufmerksamkeit und Status. Daneben gibt es die kommunikative Vernunft, die über Sprache, Kommunikation und Verständigung funktioniert. Hier geht es darum, sich auf gemeinsame Ziele zu verständigen und über seine Interessen und Werte zu diskutieren. Durch diese intersubjektiven Verhandlungen soll ein größtmöglicher Konsens hergestellt werden.

Um den bestmöglichen Konsens in einer Gesellschaft zu erreichen, fordert Jürgen Habermas einen herrschaftsfreien Dialog, in dem die besseren Argumente entscheiden. Mitdiskutieren darf jeder, egal ob Chef oder Angestellter. Was zählt, ist, wie gut die jeweilige Meinung begründet ist. Außerdem gilt, dass jede Meinung hinterfragt werden kann. Bewusste Zensur ist daher übrigens nicht selten ein Zeichen für Macht und Herrschaft.

Jede Gesellschaft strebt nach Gleichheit und Gerechtigkeit, aber eben auch nach Vielfalt und Freiheit des Individuums. Gleichheit kann nicht bedeuten, dass es keine Unterschiede mehr gibt. Menschen haben unterschiedliche Interessen, Bedürfnisse und Fähigkeiten. Die Gesellschaft ist keine Maschine und die einzelnen Individuen sind keine Automaten, die einfach per Gesetz, Knopfdruck oder aus reinem Pflichtgefühl heraus funktionieren. Kann man Menschen dazu zwingen, weniger oder mehr Geld zu

> »Die Philosophen haben die Welt nur verschieden interpretiert; es kommt aber darauf an, sie zu verändern.«
> Karl Marx

verdienen, weniger oder mehr zu besitzen? Sollte man per Gesetz vorschreiben, dass alle Menschen einen Betrag x an Menschen anderer Länder spenden, die unter der Armutsgrenze leben? Wie motiviert man Menschen dazu, wählen zu gehen? Ist uns in diesen Fällen die Gleichheit in der Gesellschaft oder die Freiheit des Einzelnen wichtiger?

Damit Ideale und Werte auch in der Praxis umgesetzt werden können, sind menschliche Entscheidungen und Handlungen auf ein persönliches Interesse der einzelnen Menschen angewiesen. Das Gleichheits- und Gerechtigkeitsideal hängt auch stark davon ab, ob und wie sehr eine Gesellschaft soziale Verantwortung für ihre Mitglieder tragen will und kann. In der traditionellen Gemeinschaft ist es selbstverständlich, dass man soziale Verantwortung für andere trägt. Moderne Gesellschaften müssen damit umgehen, dass sich neue Wir-Strukturen mit neuen Werten bilden und sich alte Wir-Strukturen auflösen. Soziale Verantwortung und Gleichheit sind auch in einer Gesellschaft an das persönliche Interesse von Individuen gebunden. Anders lässt sich ein Konsens oder ein Kollektivwille, der ja von den Einzelnen im Volk ausgehen soll, kaum herstellen. Wie die ideale Gleichheit in einer Gesellschaft konkret aussehen soll, darüber muss eine Gesellschaft immer wieder neu kommunizieren, streiten und verhandeln.

WIE VIEL IST MEINE ARBEIT *wert?*

Soziale Netzwerke und digitale Medien machen gesellschaftliche Mechanismen und menschliches Verhalten sichtbar, aber können sie die Gesellschaft auch verändern? Kann aus Sharing Economy und Ökonomien des Teilens ein neues soziales Miteinander entstehen? Handelt es sich um neue Geschäftsmodelle oder kann sich aus Open-Source-Bewegungen im Netz eine Kultur des Teilens entwickeln?

Für den deutschen Philosophen Karl Marx besteht die Geschichte der Gesellschaft aus Klassenkämpfen. Die herrschende Klasse ist immer diejenige, die über die Produktionsmittel verfügt und damit über die Arbeiterklasse herrscht. Die Gesellschaftsklassen unterscheiden sich durch das, was sie besitzen. Laut Marx ist es das Privateigentum, das zur Bildung unterschiedlicher sozio-ökonomischer Klassen führt. Menschen mit viel Privateigentum können einen Teil ihres Kapitals in Wirtschaftsunternehmen investieren und werden so zu Besitzern von Produktionsmitteln.

> »Jeder nach seinen Fähigkeiten, jedem nach seinen Bedürfnissen!«
> Karl Marx

Die ungleiche Verteilung der Produktionsmittel in der Gesellschaft bewirkt, dass sich der Mensch von seiner Arbeit entfremdet. Grund für die Entfremdung sind die fortschreitende Arbeitsteilung und Spezialisierung, welche die freie Entfaltung der individuellen Neigungen und Fähigkeiten einschränken. So wird dem Einzelnen der Blick auf das Ganze der Produktion entzogen. Damit meint Marx zum Beispiel Menschen, die am Fließband arbeiten oder an der Kasse sitzen und über Stunden ein und dieselbe Tätigkeit ausüben. Ebenso ist der Arbeiter, der Gold, Diamanten oder seltene Erden abbaut, vom Gesamtprozess der weiteren Produktion ausgeschlossen.

Was aber ist überhaupt der Wert von Arbeit? Welche Bedeutung hat der Beruf, den man in seinem Leben ausübt? Für Karl Marx ist Arbeit etwas, das der Mensch in jeder möglichen Gesellschaftsform zum Leben braucht. Der Wert von Arbeit besteht darin, dass sie den Menschen erst zum Menschen macht. Arbeit ist eine produktive Tätigkeit, die zur Selbstverwirklichung und Selbstbestimmung des Menschen dient. Ein Schneider, ein Grafikdesigner und ein Bäcker erstellen ihre Produkte selbst. Sie können sich mit ihrer Arbeit verwirklichen und über ihre Produkte verfügen, denn es sind am Ende ihre eigenen Produkte, die sie herstellen. Wenn ein Bauer über sein eigenes Land und seine Produktionsmittel verfügt, dann ist er am ganzen Herstellungsprozess seiner Produkte beteiligt. Für den angestellten Arbeiter ist die Lage anders. Wenn die Produkte seiner Arbeit nicht dem Arbeiter gehören, sondern dem Unternehmer, dann kann der Arbeiter sich mit seinen Produkten nicht identifizieren. Er ist gezwungen, seine Arbeitskraft an den Unternehmer zu verkaufen. Die Arbeit verliert dadurch ihre ursprüngliche Bedeutung im Leben des Menschen. Arbeit wird zur Ware, die zu einem bestimmten Stundenlohn verkauft wird. Sollte nicht derjenige, der mit seiner Arbeitskraft die Rohstoffe für die Produktion von Handys gewinnt, auch am Profit beteiligt werden, den das Handy später am Markt erwirtschaftet?

WIE FAIR IST UNSERE KAPITALISTISCHE GESELLSCHAFT?

In der kapitalistischen Wirtschaft wird der Wert der geleisteten Arbeit nicht gewürdigt, weil der erwirtschaftete Mehrwert der verkauften Produkte nicht an diejenigen weitergegeben wird, die die Produkte herstellen. Der arbeitende Mensch entfremdet sich so nicht nur vom Produkt seiner Arbeit, sondern auch von seinem Menschsein und von der ganzen Gesellschaft. Was die kapitalistische Arbeitsteilung verdeckt, ist, dass Arbeit ein kollektives und gemeinschaftliches Handeln ist, in dem jeder für den Wohlstand und den Mehrwert der Gesellschaft arbeitet. In der kapitalistischen Gesellschaft dient der Mehrwert, den der Arbeiter leistet, der Kapitalvermehrung der herrschenden Klasse. Das ist es, was Marx als Ausbeutung der Arbeiter begreift.

Die Ausbeutung spiegelt sich auch in den Gehaltsunterschieden wieder. Fast alle Menschen verkaufen ihre Arbeitszeit, der Banker genauso wie der Fließbandarbeiter, Kassierer, Lehrer und Altenpfleger. Einige Banker und Anlageberater spekulieren mit Geld und helfen ihren Kunden und Anlegern, mit ihrem Geld mehr Geld zu verdienen. Der Mehrwert ist also zunächst ein rein finanzieller. Die Arbeit des Erziehers und des Friseurs hingegen bringt vor allem einen sozialen und ästhetischen Mehrwert. Ist es deswegen fair, dass ein Banker mehrere Millionen im Jahr verdient, Friseure und Altenpfleger hingegen nur einen Bruchteil davon? Ist es fair, dass ein Fußballspieler aus der Bundesliga so viel mehr verdient als andere Profi-Fußballer, die vielleicht sogar vergleichbar gut sind?

In einer Tauschgesellschaft leben

Lässt sich die gemeinschaftliche Erstellung von Wikipedia auf andere Güter übertragen?

Ist eine Gesellschaft denkbar, in der nicht mehr Geld das Ziel alles Wirtschaftens ist, sondern die Befriedigung der materiellen Bedürfnisse?

Könnten Menschen ihre unterschiedlichen Fähigkeiten und Leistungen neidlos anerkennen, wenn alle gleich viel besitzen?

Schafft eine Wirtschaft, in der man teilt und tauscht, mehr Gerechtigkeit?

EINE KLASSENLOSE GESELLSCHAFT – GEHT DAS?

Für Marx ist die kapitalistische Wirtschaft keineswegs die einzige Möglichkeit für unser Zusammenleben. Er entwirft eine eigene Vision für eine vollkommene Gesellschaft, in der es keine Klassenunterschiede mehr gibt: In seiner kommunistischen Gesellschaft soll Arbeit nicht nur Mittel zum Zweck sein, sondern allen Menschen die Möglichkeit geben, ihre Fähigkeiten zu entfalten.

Konkrete Arbeit ist immer auf die Fertigstellung eines Produkts aus-gerichtet, um damit den Lebensunterhalt zu sichern und die materiellen Grundbedürfnisse zu befriedigen. Arbeit gibt allen Menschen die Möglich-keit, ihre Fähigkeiten zu entfalten. Arbeit ist mehr als Arbeitskraft, Ware und Arbeitszeit, die man gegen Geld eintauscht. Man kann seine eigenen Pro-dukte auch gegen die Produkte anderer tauschen, ohne die eigene Leistung in Geld umzurechnen. Der Schneider und der Bäcker könnten zum Beispiel ihre Produkte einfach tauschen, sodass jeder seine materiellen Grundbedürf-nisse befriedigt. Problematisch wird es, wenn ein Bäcker sein Brot gegen die Dienstleistungen eines Arztes oder eines Feuerwehrmanns tauschen soll. Mit welchem Maßstab kann man diese unterschiedlichen Leistungen verrech-nen? Wie können Anwälte, Veranstaltungsmanager und solche Berufe an die-ser Tauschgesellschaft teilhaben, die keine eigenen Produkte hervorbringen oder deren Dienstleistungen über die rein materiellen Grundbedürfnisse des Menschen hinaus gehen?

Für Marx liegt die Lösung in einer Abschaffung der herkömmlichen Ar-beitsteilung und in der Aufhebung des Privateigentums. Eine moderne, ide-ale Tauschgesellschaft könnte ein offenes Modell haben, in dem man nicht eins zu eins tauscht: Einen gemeinsamen Pool, aus dem jeder das bekommt, was er benötigt, und zu dem jeder seinen ihm jeweils möglichen Teil beiträgt.

Denk an etwas …
das du besitzt und niemals ausleihen würdest.
das du dir ausleihst, weil du es nicht besitzen willst.
das du unbedingt besitzen willst, weil es ein wichtiges Symbol für dich ist.
das du nur besitzen kannst, wenn du es mit anderen teilst.
das niemand in Gesellschaft besitzen müsste, da man es besser teilen kann.
das für alle frei zugänglich sein sollte.

Medien

WIE VIEL *Geist* STECKT IN DEINEM SMARTPHONE?

Fast jeder kennt das Gefühl, wenn das Smartphone kaputt oder verloren gegangen ist. Der Moment, in dem man merkt, dass man keinen Zugriff mehr hat auf all seine Kontakte, Fotos, gespeicherten Informationen und persönlichen Nachrichten. Es fühlt sich irgendwie an, als hätte man einen Teil von sich selbst verloren. (Okay, wer eine Cloud hat, der kann zumindest zu Hause seine Daten und damit auch sein digitales Gedächtnis wiederherstellen.)

Warum zählen wir unsere Smartphones eigentlich nicht zu unserem Geist? Was, wenn unser Geist auch in unserem Smartphone sitzt und unser Gehirn und Gedächtnis mit ihm verbunden sind? Mit diesen Fragen provoziert der australische Philosoph David Chalmers ein neues Nachdenken über die Theorie des menschlichen Geistes. Seine Theorie erweitert die Grenzen des menschlichen Bewusstseins: Was ist der Unterschied zwischen dem Wissen, das ich von meiner internen Festplatte, meinem Gehirn, abrufe, und dem Wissen, das ich von einer externen Festplatte auf meinem Computer abrufe?

DEINE UMGEBUNG IST EIN TEIL VON DIR!

»Der Mensch trägt das Gehirn jetzt außerhalb seines Schädels und die Nerven außerhalb seiner Haut«, meinte der einflussreichste und bekannteste Medientheoretiker des 20. Jahrhunderts, der Kanadier Marshall McLuhan, noch vor der Erfindung von Smartphone und Internet. Medien und Technologie erweitern den Menschen, so die These. Das Mikroskop und die Brille verändern und optimieren die menschliche Wahrnehmung. Die Uhr beeinflusst das Zeitgefühl des Menschen. Der Mensch verleibt sich technische Geräte und Medien in seinem Alltag ein. Beim Radfahren verhalten wir uns zum Beispiel, als sei das Rad ein Teil von uns. Wenn wir kurz vor etwas anhalten, dann kalkulieren wir automatisch mit ein, dass wir mit dem Vorderreifen vor dem Hindernis stehen bleiben.

Man kann relativ leicht zeigen, dass Menschen nicht nur mit ihrem Kopf denken. Zum Beispiel setzen Kinder beim Rechnen zunächst ihre Finger ein, später nimmt man den Taschenrechner zu Hilfe. Menschen schreiben ihre Ideen, Gedanken und Erinnerungen auf, egal ob in Notizbücher oder ins Smartphone. Sie notieren Telefonnummern und Termine und lagern damit ihr Wissen auf externe Speicherplätze aus. McLuhan war davon überzeugt, dass Menschen mit Medien und technischen Geräten ihre physischen und psychischen Fähigkeiten erweitern. Technologische Geräte wie das Handy fügen sich dabei wie Prothesen in den Körper ein. Kommunikationsmedien sind eine Erweiterung des menschlichen Bewusstseins. Sie sind nicht nur Speichergeräte für Wissen, Erinnerungen und gemachte Erfahrungen, sondern sie erweitern auch die kommunikativen Fähigkeiten des Menschen und bieten neue Zugänge zur Welt. Über das Internet hat man zum Beispiel jederzeit Einblicke in das Leben anderer Menschen und erlebt, wie sie sprechen, denken und fühlen.

Kopf oder Hand?

Stell dir vor, man würde dir dein Smartphone in deinen Kopf implantieren und du könntest alle Informationen, Bilder und Videos ohne den Einsatz deiner Hände abrufen.

Würdest du dann nicht auch sagen, dass du mit deinem Geist nach einer Telefonnummer suchst, wenn du jemanden anrufen willst?

Welchen Unterschied macht es, ob dein Smartphone im Kopf oder in deiner Hand ist?

Für Marshall McLuhan ist die Möglichkeit elektronischer Vernetzung sogar das Zeichen für die Entstehung eines globalen Kollektivbewusstseins. Elektronische Kommunikationsmedien sieht er als moderne Lagerfeuer, um die sich Menschen versammeln. Mit dem Fernsehen hole sich jeder Zuschauer die Welt und seine Mitmenschen direkt in sein Wohnzimmer. Bis heute treiben digitale Medien die globale Vernetzung weiter an: Die mobile Live-Kommunikation und das Gefühl des permanenten Vernetztseins, die uns das Smartphone erlauben, wären vor 20 Jahren noch unvorstellbar gewesen. Wikipedia ist nicht nur zum Nachschlagewerk Nr. 1 unserer Zeit geworden, es ist auch die erste erfolgreiche Plattform in der Geschichte des menschlichen Wissens, die von den unterschiedlichsten Menschen weltweit gemeinsam erstellt wurde.

Unser Geist ist also nicht nur in unserem Kopf. Er ist auch da draußen, im Netz und in unseren zahlreichen Geräten, Speichermedien und Prothesen, die den Menschen mit der Welt verbinden. Der Mensch macht seine Umwelt so zu einem Teil seiner selbst. Wir führen eine emotionale und soziale Beziehung mit unseren technologischen Gegenständen und Medien. Oder hast du andere Erklärungen dafür, warum es so schlimm ist, wenn wir unser Smartphone verlieren?

Nimmst du die Herausforderung an?

Welche Herausforderung wäre für dich größer:

Einen Tag ohne Smartphone leben oder einen Tag auf Strom verzichten?

BEEINFLUSST DIE FORM EINES MEDIUMS DEN *Inhalt?*

Du guckst gemütlich eine Serie, schreibst nebenher einer Freundin Nachrichten übers Handy und suchst zwischendrin auf dem Tablet nach brauchbaren Hintergründen zu deinem anstehenden Biologie-Test nächste Woche.

Kaum etwas in unserer Gesellschaft ändert sich so schnell wie unsere Medienkultur. Jedes Medium bringt auch neue Formen und Wirkungen der Kommunikation hervor. Vor der Verbreitung von Handys konnte man nicht von unterwegs kommunizieren, mit dem Smartphone kann man direkt ein Video schicken. Technische Geräte und Medien nehmen mir Arbeit ab, bieten neue Möglichkeiten sich auszutauschen und zu informieren. Sie entscheiden jedoch auch, was ich mit den Medien mache und wie. McLuhan hat das in die Formel »Das Medium ist die Botschaft« gebracht. Oder anders gesagt: Die Form des Mediums bestimmt den Inhalt. Klingt erst einmal absurd? Ich bestimme doch den Inhalt und das Medium transportiert ihn! Wenn ich jemandem zum Geburtstag gratuliere, dann tue ich doch genau das, egal ob ich ihn dazu anrufe, ihn besuche oder ihm eine Nachricht schicke, oder?

Der Medientheoretiker Marshall McLuhan glaubt, dass in der Kommunikation nicht der Inhalt im Vordergrund steht, sondern das elektronische Medium selbst. Das Medium kommuniziert quasi mit und beeinflusst, wie die Botschaft wirkt. Natürlich bietet sich nicht jeder Inhalt für jedes Medium an. Kurze Videos lassen sich gut bei YouTube einstellen und anschauen, längere Texte sind in Magazinen oder Büchern gut aufbereitet. Darüber hinaus entspricht jedem Medium aber auch ein eigenes Nutzerverhalten. Beim

Telefonieren mit Videoübertragung benehme ich mich zum Beispiel anders als beim Telefonieren ohne Videoübertragung. Vielleicht machst du dir nicht immer explizit Gedanken darüber, aber du entscheidest bei jeder Nachricht, welches Medium du für deinen Inhalt verwendest. Wenn du zum Beispiel mit jemandem Schluss machen willst, kannst du vom Handy eine Nachricht schreiben, du kannst anrufen oder es bei einem persönlichen Treffen sagen. Je nach Medium ändert sich die Aussage deiner Nachricht. Wenn du dem zustimmst, dann widerspricht das der Idee, dass der Inhalt der Nachricht unabhängig vom Medium besteht (wie bei den Geburtstagsglückwünschen).

JEDES MEDIUM KANN ANDERE MEDIEN BEINHALTEN

Denkst du bei dem Wort Medien eher an ihre technische Beschaffenheit oder an die Dinge, die du mit ihnen machen kannst? Der tschechische Medienphilosoph Vilém Flusser unterscheidet zwischen der technischen Ebene von Medien und ihrer gesellschaftlichen Bedeutung, also dem, was wir mit ihnen machen. Das digitale Bild zum Beispiel basiert technisch gesehen auf Pixeln, Ziffern und Daten, die über Programme und Algorithmen erstellt werden. Seine gesellschaftlichen Funktionen sind Abbildung, Dokumentation und Kommunikation. Schrift und Bild sind unsere wichtigsten Kommunikationsmedien. Sie sind eingebunden in andere Medien wie Bücher, Zeitungen, Magazine und elektronische Medien wie das Fernsehen, das Radio und das E-Book. Die Zeitung beinhaltet das Medium Schrift, das Medium Schrift wiederum hat die Sprache zum Inhalt. »Der Inhalt eines Mediums ist immer ein anderes Medium«, meint McLuhan. Ist das Besondere am Internet, dass es die Verbindung aller älteren Medien möglich macht? Unterscheidet sich das Internet in dieser Hinsicht vom Fernsehen?

Multitasking-Talent

Musik hören, SMS schreiben und einen Film schauen geht alles gleichzeitig, kein Problem. Aber wie viele Gedanken kannst du auf einmal denken?

ANGST VOR NEUEN MEDIEN?

Mit der Erfindung der Schrift kamen auch gleich die ersten Bedenken auf. Kritiker behaupteten, dass die Menschen durch die Schrift verdummen würden. Das schriftliche Festhalten von Gedanken würde dazu führen, dass Menschen weniger selbst denken. Man befürchtete einen Verlust der menschlichen Denk- und Sprechfähigkeit.

Als die Menschen im 18. Jahrhundert immer mehr Romane lasen, wurde in der Öffentlichkeit vor Lesesucht und Lesewut gewarnt. Das Lesen zum Zeitvertreib sei nutzlos und schädlich. Außerdem befürchtete man, insbesondere Frauen könnten sich in den fiktiven Traum- und Fantasiewelten der Literatur verlieren.

Bei einer der ersten Filmvorführungen 1895 in Paris stürmten einige Besucher panisch aus dem Kinosaal, als auf der Leinwand ein Zug gezeigt wurde, der direkt auf das Publikum zufuhr.

Nach der Einführung von Fernsehen und Computerspielen wurde vor Fernseh- und Spielsucht und vor Verblödung des menschlichen Geistes gewarnt. 1985 stellte der amerikanische Medienkritiker Neil Postman die These auf, dass unsere Wissenskultur zu einer Unterhaltungskultur verkommt. Dies sei gefährlich, weil dadurch die Denkfähigkeit des Einzelnen und in der Folge die Demokratie zerstört werde.

In den letzten 20 Jahren wurde regelmäßig über das Ende des Buchs diskutiert und darüber, wie die Online-Medien unser Denken verändern.

Erkennst du ein oder mehrere Muster?

KONSTRUIEREN WIR MIT MEDIEN UNSERE Wirklichkeit?

Nur einen Bruchteil der Ereignisse und Informationen, die wir rund um die Uhr über die Medien abrufen können, erleben wir selbst mit. Das meiste erfahre ich über diverse Netzwerke, Newsticker und Zeitungen. Nachrichten aus der Welt strömen auf mich ein und nur selten bin ich mir bewusst, dass alles ganz anders sein könnte, dass die Informationen verzerrt sein oder vielleicht ganz andere Interessen dahinter stehen könnten. Normalerweise geht man davon aus, dass die Informationen und Nachrichten aus den Medien echt und wahr sind. Auch wenn wir nicht selbst die Menschen gesprochen oder die Länder bereist haben, von denen berichtet wird, akzeptieren wir die Bilder und Informationen der Medien als unsere Wirklichkeit. Wie kommt es dazu und warum hinterfragen wir diese Wirklichkeit so selten? Wie entsteht die mediale Wirklichkeit, die sich uns über Bilder und andere Informationen vermittelt?

> »Die Medien verbergen ihre eigenen Wirkmechanismen und lassen sich schwer hinterfragen.«
> Alain de Botton

Klassische Medientheorien gehen davon aus, dass ein und dieselbe Realität auf die Medien einströmt und durch diese an die Rezipienten weitergegeben wird. Für die Nachrichten bedeutet das, dass man von einer Menge an Ereignissen ausgeht, die nach bestimmten Regeln selektiert und dann vermittelt werden. Nachrichtenredaktionen wählen ihre Nachrichten nach verschiedenen Kriterien aus, zum Beispiel Neuheit und Wichtigkeit. Diese Kriterien gelten sowohl für positive Ereignisse, wie die Verleihung von wichtigen Musik- und Filmpreisen, als auch für negative Ereignisse, wie Unfälle,

Katastrophen oder Kriege. Ist es für Nachrichten wichtig, dass sie die Realität so gut wie möglich wiedergeben? Oder anders gefragt: Was machen Nachrichten eigentlich, vermitteln oder prägen sie Wirklichkeit?

Die Theorie des medienkulturellen Konstruktivismus behauptet, dass Medien unsere Wahrnehmung nicht nur beeinflussen, sondern Wirklichkeit konstruieren. Der Konstruktivismus widerspricht dem traditionellen Kommunikationsmodell, in dem Kommunikation eine bloße Weitergabe von Informationen ist. Die Bilder und Nachrichten der Medien sind demnach keine Eins-zu-eins-Abbildung der Realität da draußen. Medien prägen und konstruieren unsere Wirklichkeit, indem sie Ausschnitte auswählen, visualisieren und interpretieren. Unter welchem Titel und mit welchen Bildern erscheint eine Meldung? Wird zu einem Kriegsbericht ein kleines Kind, werden Tote oder Verletzte gezeigt? Wie wird ein Ereignis bewertet und in welchen Zusammenhang wird eine Nachricht gestellt? Was wird alles nicht gesagt oder gezeigt?

Komplexe Sachverhalte wie ökonomische und politische Krisen kommen nicht ohne Interpretation aus. Selbst die Zusammenfassung eines Fußballspiels wählt bestimmte Szenen aus, bewertet und interpretiert das Endergebnis. Natürlich gehen die meisten Nachrichten und Meldungen von Fakten und Statistiken aus. Laut einem allgemeinen Pressecodex sollen Nachrichten so unvoreingenommen und neutral wie möglich berichten. Bei manchen Beiträgen geht die Berichterstattung allerdings in Kommentare und Meinungen über, die immer einen wertenden Charakter haben. Selbst Nachrichten, die scheinbar ohne persönliche Interpretation und Meinung auskommen, beeinflussen unsere Wahrnehmung: Zum Beispiel können ständige Meldungen über Gewalt und Kriminalität den Eindruck erwecken, dass Gewalt und Kriminalität in unserer Gesellschaft zunehmen. Ohne die entsprechenden Statistiken und Hintergrundinformationen, wie viel Gewalt und Kriminalität es zu anderen Zeitpunkten in unserer Gesellschaft gab, können wir darüber aber gar nichts wissen.

Gefühlte Wahrheiten

Glauben wir einer Nachricht eher, wenn sie unsere Gefühle anspricht?

Titel, Bilder und Untertitel sind drei Beispiele für Elemente, die unsere Wissensaufnahme und unsere Interpretation beeinflussen. Die Interpretationen der Medien fließen wiederum in unsere eigene Konstruktion der Wirklichkeit ein. Die vermittelte Wirklichkeit wird also zweimal interpretiert, einmal von den Nachrichtenmachern und einmal von uns, den Rezipienten. Medienwirklichkeiten und die mediale Darstellung von Ereignissen haben eine Wirkung auf unsere Wirklichkeitswahrnehmung und auf unsere Weltsicht.

WIE STEREOTYPEN UNS IN UNSEREM DENKEN UND HANDELN LEITEN

Selbstverständlich gibt es einen Unterschied zwischen der Welt da draußen und der medialen Wirklichkeit, die darüber berichtet. Die reale Welt ist jedoch komplex und es gibt so viele Informationen, dass wir sie nicht alle oder vollständig aufnehmen können. Unsere Konstruktion von Wirklichkeit ist daher immer auch eine Komplexitätsreduktion. Wir müssen die Wirklichkeit

Nachrichten und Meinungen aus aller Welt

Warum bekommen negative Nachrichten (z. B. Unfälle, Naturkatastrophen, Kriege und Terroranschläge) mehr Aufmerksamkeit als positive Nachrichten?

Darf jeder sagen, was er denkt?

Tragen Journalisten Verantwortung für die Wirkung, die ihre Nachrichten auf Leser oder Zuschauer haben?

vereinfachen, um uns orientieren zu können. In unserer Alltagskommunikation sind Stereotypen und Vereinfachungen daher normal und sogar notwendig. Ohne sie wären wir denk- und handlungsunfähig. Wir müssen viele Informationen, Zusammenhänge und Ereignisse in der Welt ausblenden, um handeln zu können. Dies zeigt sich bereits beim Einkaufen: Wir können nicht jede Hose anprobieren, wenn wir uns eine neue kaufen wollen. Wir vereinfachen den Prozess, indem wir uns hinterher sagen, dass wir die beste Hose für uns gekauft haben, obwohl wir uns wahrscheinlich nur drei von hundert möglichen Marken (mit wiederum tausend verschiedenen Modellen) angeschaut haben.

Denk an Worte wie Nerd oder Blondine. Welche Bilder hast du in deinem Kopf und mit welchen Vorstellungen verbindest du diese Worte? Bei der hübschen und dümmlichen Blondine und beim verpeilten Nerd handelt es sich um Stereotypen, die so gut wie jeder kennt. Stereotypen sind vereinfachende Vorstellungen und Bilder und charakterisieren eine Person, einen Gegenstand oder eine ganze Personengruppe. Vereinfachungen dieser Art sind nicht zu vermeiden und passieren in unserer Kommunikation automatisch. Mit Stereotypen werden bestimmte Eigenschaften oder Verhaltensweisen verallgemeinert. Beliebte Personengruppen für Stereotypen sind zum Beispiel soziale Schichten und bestimmte Berufsgruppen. Auch wenn es um die menschliche Identität geht, wie beispielsweise Alter, Geschlecht, Sexualität, Nationalität, ethnische Herkunft und Kultur, treten Stereotypen häufig auf. Vervollständige zum Beispiel spontan Sätze, die mit »Die Männer«, »Die Amerikaner« oder »Die Banker« beginnen.

Wo liegt das Problem, wenn Stereotypen doch eigentlich normal sind? Stereotypen vereinfachen, reduzieren und verallgemeinern die komplexe Wirklichkeit und können so zu falschen Annahmen führen. Im schlimmsten Fall führen Stereotypen zu Vorurteilen und Ausgrenzungen. Auch Journalisten, Werbetreibende, Serien- und Filmemacher und Romanautoren greifen bewusst und unbewusst auf Stereotypen zurück. Mit ihren Nachrichten, Bildern, Filmen, Büchern und Medien aller Art prägen sie unseren Blick auf die Welt, auf unsere Umwelt und auf die Gesellschaft.

KANN MAN AUFMERKSAMKEIT kaufen?

In jeder Klasse gibt es Menschen, die mehr auffallen als andere. Da gibt es zum Beispiel (Vorsicht, Stereotypen!) die Schöne, den Nerd oder den Klassenclown. Die Verteilung von Aufmerksamkeit ist nicht gleich. Einige erhalten immer mehr als andere. Das ist fast so etwas wie ein Gesetz für die Dynamik in sozialen Gruppen. Aber wer bekommt wie viel Aufmerksamkeit und wofür?

Der deutsche Medientheoretiker Georg Franck hat festgestellt, dass es neben der Geldwirtschaft auch einen Handel mit Aufmerksamkeit gibt. In unserer Gesellschaft ist Geld die Hauptwährung. Es ist ein universelles Tauschmittel, mit dem man sich fast alles kaufen kann. Francks Theorie von der Ökonomie der Aufmerksamkeit beschreibt, wie wir Aufmerksamkeit sammeln und tauschen. Aufmerksamkeit ist zunächst eine begrenzte Ressource des Menschen. Je knapper eine Ressource ist, desto begehrter und wertvoller wird sie.

Die Menge an Aufmerksamkeit, die ein Medium bekommt, lässt sich beispielsweise in Leser-, Klick- und Besucherzahlen messen. Diese Reichweite bestimmt entscheidend den Marktwert eines Mediums: Je höher die Reichweite, desto besser kann man die gesammelte Aufmerksamkeit verkaufen. Über Werbeplätze wird die Aufmerksamkeit dann beispielsweise wieder in Geld umgewandelt. Auf diese Weise verdienen Internetseitenbetreiber, Verlage und Fernsehsender mit der Aufmerksamkeit ihrer Konsumenten Geld.

Mithilfe von Marketingkampagnen und Werbung lässt sie sich sogar mehr oder weniger gezielt herstellen und erzeugen. Aber worum geht es dabei?

Ziel der erfolgreichen Vermarktung eines Produkts ist nicht immer die Aufmerksamkeit möglichst vieler Konsumenten. Oft geht es um die Ansprache ganz bestimmter Zielgruppen. Es geht um die Qualität der Aufmerksamkeit, denn das Produkt soll von bestimmten Menschen und mit seinen besonderen Eigenschaften wahrgenommen werden.

Wie aber erregt man das Interesse und die Aufmerksamkeit von Menschen? Eine bekannte Strategie ist beispielsweise, dass Produkte personifiziert werden: Damit wir einen emotionalen und persönlichen Bezug zu ihnen herstellen, müssen Produkte wie eine Persönlichkeit erscheinen. Erfolgreiche Produkte haben nämlich nicht nur einen Gebrauchswert, sondern auch einen Inszenierungswert. Der Gebrauchswert bezieht sich auf die Funktion des Produkts. Der Inszenierungswert hingegen sagt etwas über die Beliebtheit und die besondere Persönlichkeit des Produkts aus. Aus dem Zusammenspiel von Gebrauchs- und Inszenierungswert entwickeln sich erfolgreiche Produkte zu einer Marke.

Wie weit würde ich gehen, um Aufmerksamkeit zu bekommen?

Wodurch versuche ich selbst, Aufmerksamkeit zu bekommen?

Sammelt man Aufmerksamkeit für sich oder für andere?

Kann Aufmerksamkeit auch etwas Schlechtes sein?

WENN SELBSTDARSTELLUNG ZUR ÖFFENTLICHEN SELBSTVERMARKTUNG WIRD

Medien beeinflussen die öffentliche Meinungsbildung. Deswegen sind sie für Politik, Wirtschaft und Gesellschaft so interessant und begehrt. Auch Medienunternehmen haben einen Markenwert, wobei sie sich in ihrer inhaltlichen Ausrichtung sehr unterscheiden können. Manche Medien stehen zum Beispiel für gute Unterhaltung, andere für qualitativ hochwertige Nachrichten und Berichterstattung. Je mehr Aufmerksamkeit und Vertrauen Medien genießen, desto höher steigt ihr Markenwert. Erfolgreiche Medienunternehmen und digitale Plattformen sind wie Banken, die Aufmerksamkeit anhäufen. Sie erzeugen, sammeln und verkaufen Aufmerksamkeit, um Geld zu verdienen und neue Aufmerksamkeit zu erzeugen. Wenn ein Fernsehsender mit einer bekannten Persönlichkeit zusammenarbeitet, dann verspricht er sich zunächst Aufmerksamkeit und vielleicht sogar die Ansprache einer neuen Zielgruppe, bei der die Persönlichkeit besonders bekannt ist. Umgekehrt verspricht sich auch die bekannte Persönlichkeit nicht nur Geld, sondern eine Bestätigung oder Steigerung ihres Markenwerts.

Bei der öffentlichen Selbstvermarktung von Personen gibt es drei verschiedene Kapitalarten von Aufmerksamkeit: Reputation, Prominenz und Ruhm.

Reputation ist an eine fachliche Fähigkeit oder besondere Qualifikation gebunden. Ein Chirurg hat beispielsweise den Ruf, besonders gute Herzoperationen zu machen. Wenn sich das unter Kollegen und Patienten herumspricht, genießt er eine fachliche Reputation und wird besonders oft empfohlen.

> »Die Aufmerksamkeit anderer Menschen ist die unwiderstehlichste aller Drogen.«
> Georg Franck

Prominent wird eine Person, wenn sie über Fachkreise und kleinere Gemeinschaften hinweg bekannt wird. Man interessiert sich nicht nur für das, was die Person kann, sondern auch für ihr Privatleben. Eine prominente Person steht mit ihrer ganzen Persönlichkeit in der Öffentlichkeit.

Ruhm erlangt jemand, wenn er über seinen Tod hinaus beachtet wird. Geniale Erfinder, Künstler oder Wissenschaftler wie Albert Einstein, aber auch wichtige Könige und Politiker werden berühmt. Manche Menschen werden auch erst nach ihrem Tod berühmt. Der Maler Vincent van Gogh ist heute einer der berühmtesten Maler der Moderne, zu seiner Zeit war er ein verkanntes Genie ohne viel Geld und Aufmerksamkeit.

SELBSTVERMARKTUNG 3.0

Mit ihrem permanenten Informationsfluss sind die Medien zum wichtigen Bestandteil unseres gesellschaftlichen Alltags geworden. Informationen aus der Welt gehören genauso dazu wie Neuigkeiten über Stars und Produktmarken. Die Stars einer Gesellschaft brauchen die Aufmerksamkeit der Medien, um zu einer öffentlichen Marke zu werden. Umgekehrt sind aber auch die Medien auf Stars und Prominente angewiesen, um Aufmerksamkeit zu erregen. Beide verdienen also an der Aufmerksamkeit ihrer Zuschauer und Konsumenten. Stars und Prominente sind die Spitzenverdiener in der Ökonomie der Aufmerksamkeit. Sie haben ein hohes Einkommen an Aufmerksamkeit, das sie gegen Geld eintauschen, wenn sie zum Beispiel in einer Talkshow auftreten oder Werbung machen.

Mit der Erfindung der Castingshows im Fernsehen ist der Promi zum planbaren Geschäftsmodell geworden. Die Selbstdarstellung wird zur öffentlichen Selbstvermarktung und die eigene Person wird wie eine Marke gehandelt. Hat im 20. Jahrhundert das Fernsehen massenweise Stars und Prominente hervorgebracht, entwickeln sich im 21. Jahrhundert immer wieder neue Märkte der Aufmerksamkeit: Influencer aller Art, Blogger und manche Online-Formate haben mittlerweile mehr Reichweite als viele Fernsehformate. Der eigene YouTube-Kanal oder der eigene Blog sind zu einem Beruf geworden, mit dem man seinen Lebensunterhalt verdienen kann. Sie alle verdienen an der Aufmerksamkeit ihrer Zuschauer und Konsumenten.

ACHTEN MENSCHEN AUF DAS, WORAUF VIELE ACHTEN?

Die Ökonomie der Aufmerksamkeit folgt einem Gesetz: Menschen achten auf das, worauf andere achten. Das ist quasi ein natürlicher Reflex. Wenn an einem Sommertag viele Menschen mit einem Eis an dir vorbeigehen, wirst du unwillkürlich Lust auf ein Eis bekommen. Oder denk an den neuesten Nr.-1-Hit in den Charts. Weil er von vielen gehört wird, wirst du nicht daran vorbeikommen, ihm Beachtung zu schenken – egal ob du den Song magst oder nicht.

WAS *kostet* MEIN DATENPROFIL?

Die digitale Welt bietet unendlich vieles: Man kann sich mit allen möglichen Menschen zu allen möglichen Themen austauschen und an gemeinsamen Ideen und Projekten arbeiten. Während wir alleine vorm Rechner sitzen, können wir gleichzeitig Informationen mit der ganzen Welt teilen. Aber wem gehört der Raum, in dem wir surfen, arbeiten, kommunizieren, shoppen und konsumieren? Je mehr man im Netz unterwegs ist, desto leichter vergisst man, dass es sich um öffentlichen Raum handelt. Die Infrastruktur, die wir nutzen, gehört oftmals großen Firmen und Unternehmen, die sich wiederum sehr dafür interessieren, was wir machen und anklicken.

Unternehmen sammeln nicht nur Aufmerksamkeit, sondern auch Daten, indem sie die Spuren der Nutzer registrieren. Diese Spuren werden als Daten gespeichert, ausgewertet und verkauft. Daten sind so etwas wie virtuelle Rohstoffe geworden. Neben der Ökonomie der Aufmerksamkeit hat sich ein Daten-Kapitalismus etabliert, der die Daten der Nutzer und Konsumenten für eigene Zwecke nutzt, zum Beispiel für personalisierte Werbung.

Aber auch die Aktivitäten von Nutzern werden auf vielfache Weise genutzt. Wer zum Beispiel Produktbewertungen schreibt, der erstellt kostenlos Inhalte, die das Verkaufsportal oder auch die bewerteten Produkte für andere potenzielle Kunden interessanter machen. Und wer auf Portalen Videos und Bilder taggt oder bewertet, arbeitet auch an der Sortierung und Optimierung der jeweiligen Portalstruktur, die sonst ein ungeordneter Datenwust wäre, mit.

Posten, Teilen, Kommentieren

Hast du schon mal die AGBs gelesen, bevor du irgendwo etwas gepostet, erstellt oder kommentiert hast?

Dienen digitale soziale Netzwerke der Selbstdarstellung oder sind sie eine Kultur des kreativen Miteinanders und Teilens?

WIE PRIVAT ODER ÖFFENTLICH WILL ICH SEIN?

Ein Café ist ein öffentlicher Raum, oder? Stimmt, zumindest für die Gäste. Allerdings bleibt das, worüber sie sich unterhalten, wiederum größtenteils privat. Oder stell dir vor, der Cafébesitzer würde alle Gespräche aufnehmen und auf seinem Café-Blog veröffentlichen – wäre das okay? Andererseits kann der Cafébesitzer von seinem privaten Hausrecht Gebrauch machen und einem Gast den Eintritt verweigern. Für einen Journalisten wiederum ist das Café ein radikal öffentlicher Ort. Er kann dort andere Menschen beobachten und zum Beispiel, falls welche da sind, über Prominente ungefragt berichten. An diesem Beispiel lässt sich gut sehen, dass das Café ein Ort zwischen Privatsphäre und Öffentlichkeit ist. Für die einen ist es privates Eigentum (Besitzer), das aber nur dann Sinn ergibt und Geld bringt, wenn es zu einer öffentlichen und bekannten Institution wird. Für die Gäste ist das Café ein öffentlicher Raum, um sich privat zu unterhalten und öffentlich zu zeigen.

Privat ist man immer dann, wenn man unbeobachtet ist, so könnte eine andere Definition für Privatheit lauten. Man kann also auch auf Spielplätzen, in der Natur und beim Reisen privat sein. Rein rechtlich ändert das jedoch

»Unsere Gesellschaft ist nicht eine des Schauspiels, sondern eine Gesellschaft der Überwachung. Wir sind nicht auf der Bühne und nicht auf den Rängen. Sondern eingeschlossen in das Räderwerk der panoptischen Maschine, das wir selber in Gang halten – jeder ein Rädchen.«
Michel Foucault

nichts daran, dass man im öffentlichen Raum ist. Und nur im öffentlichen Raum kann sich eine freie Gesellschaft entfalten: Man muss sich einerseits austauschen, frei bewegen und seine eigene Meinung äußern können. Andererseits braucht jedes Individuum seinen privaten Raum, an dem es unbeobachtet ist, und es ist Privatsache, an was du glaubst, was du politisch denkst und wie gesund dein Körper ist. Das Öffentliche gibt es nicht ohne das Private und umgekehrt. Oder könnte man sich eine freie Gesellschaft vorstellen, in der es keine Privatsphäre mehr gibt und alles öffentlich ist?

Was gehört zu meiner Privatsphäre und was nicht?

Denk an eine Information über dich ...

die du niemals preisgeben würdest.

die du niemandem mitteilst, weil ohnehin jeder davon weiß.

die andere gerne wissen würden.

die von Firmen gesammelt und verkauft wird.

die unbezahlbar ist.

Sinn

WER WILL ICH sein?

Einerseits wollen wir die Gleichheit aller Menschen, gleiche Rechte und Chancen für alle. Andererseits sind alle Menschen unterschiedlich und wollen auch individuell sein. Darin sind wir wiederum ziemlich gleich, dass wir alle individuell sind und sein wollen. Die eigene Individualität hat jedoch keinen Wert, wenn sie nicht von anderen wahrgenommen und anerkannt wird. In gewisser Weise ist die eigene Identität sogar abhängig von anderen. Bin ich zum Beispiel kunst- und kulturinteressiert, weil ich mich so finde, oder bin ich es erst, wenn ich in den Augen anderer kunst- und kulturinteressiert bin?

WARUM INSZENIEREN WIR UNS?

Auch wenn es paradox klingt: Wir brauchen andere, um wir selbst zu sein. Der Mensch interessiert sich deshalb nicht nur für das Leben anderer, er möchte sich auch selbst mitteilen. Der moderne Mensch ist ein Geständnistier, diagnostiziert der französische Philosoph Michel Foucault. Der Mensch hat das Bedürfnis, in der Öffentlichkeit über sich selbst zu sprechen. Für diese Selbstoffenbarung hat er verschiedene Techniken der Selbstdarstellung

> »Im Abendland ist der Mensch ein Geständnistier geworden.«
> Michel Foucault

erfunden. Im Mittelalter beispielsweise die Beichte, in der Moderne dann die Therapie, die Beratung und die Talkshow. Auf dem Buchmarkt hat sich die Autobiografie als eigenes Genre durchgesetzt, das regelmäßig die Bestsellerlisten stürmt. Auch das persönliche Tagebuch ist eine Kulturtechnik der Selbstoffenbarung. Nur dass es eben im Gespräch mit sich selbst und nicht öffentlich stattfindet. Die israelische Soziologin Eva Illouz meint, dass eine Form der Selbstdarstellung im 20. Jahrhundert besonders wichtig geworden ist: die therapeutische Selbstinszenierung, bei der persönliche und private Erlebnisse und biografische Details wie Erfolge, Krankheiten und Krisen im Vordergrund stehen.

WERDE, DER DU BIST!

Was haben all diese unterschiedlichen Formen der Selbstinszenierung gemeinsam? Sie alle haben die produktive Gestaltung der eigenen Identität zum Ziel. Menschen setzen sich mit sich selbst auseinander und teilen sich mit, weil sie sich beispielsweise selbst erkennen wollen. Außerdem können wir gar nicht anders, als unsere Individualität ständig auszuleben und ihr einen Ausdruck zu geben. Jeder Mensch will sich selbst und seine Individualität verwirklichen. Weil das für uns normal ist, haben wir uns daran gewöhnt, dass wir in einer Gesellschaft des Individualismus leben, in der jeder nach seinen eigenen Vorstellungen leben darf. Aber wie individuell können wir überhaupt sein?

Eindruck

Ist der Eindruck bei anderen wichtiger als der eigene Ausdruck?

Wenn Menschen sagen, dass sie sich nicht selbst inszenieren wollen, handelt es sich dabei auch um eine Selbstinszenierung?

WIE INDIVIDUELL BIN ICH *wirklich?*

Habe ich persönlichen Geschmack oder mache und mag ich einfach, was alle, die mir wichtig sind, machen und mögen? Sind zum Beispiel meine Lieblingsfernsehserien, meine Kleidung, meine Hobbys und die Cafés, in denen ich mich gern mit Freunden treffe, Ausdruck meines individuellen Geschmacks und Lebensstils?

Für den französischen Soziologen Pierre Bourdieu sind individuelle Unterschiede abhängig von der sozialen Gruppenzugehörigkeit. Bourdieu hat untersucht, wie Individuen in unterschiedlichen Gruppen, Schichten und Milieus miteinander leben. (Man spricht in diesem Sinne von einer Drei-Klassen-Gesellschaft: Oberschicht, Mittelschicht und Unterschicht. Diese drei Schichten gliedern sich wiederum in diverse soziale Milieus auf.) Das soziale Milieu ist für die darin lebenden Individuen ein wesentlicher Bezugs- und Orientierungspunkt. Innerhalb einer Gruppe identifizieren sich die Individuen größtenteils miteinander und imitieren sich. So kennt zum Beispiel jeder jemanden, den man direkt oder indirekt als Vorbild ansieht, seien es die eigenen Eltern oder andere Leute aus dem sozialen Umfeld.

INDIVIDUUM SEIN HEISST SICH ABGRENZEN

Die sozialen Unterschiede zwischen den Individuen entstehen allerdings nicht nur durch Zugehörigkeit, sondern auch durch Abgrenzung und Konkurrenz. Ein Hauptantrieb von sozialen Gruppen ist, sich von anderen Gruppen zu unterscheiden. Selbstinszenierung und Selbstdarstellung einer Gruppe dienen vor allem dazu, die sozialen Unterschiede zu markieren. Das kann eine bestimmte Art zu sprechen sein, ein Urlaubsziel oder der Jutebeutel, den man zum Einkaufen mitnimmt. In der Theorie von Pierre Bourdieu grenzen wir uns so ständig von anderen sozialen Milieus ab. Welche Theorie und welche Grundannahmen liegen hinter dieser Vorstellung?

1. Alles, was ein Mensch macht, fühlt und denkt, ist ein Ausdruck seiner sozialen Gruppenzugehörigkeit ist. Dazu gehören Dinge wie Essen, Kleidung, Wohnen, Liebe, Sport, Geschmack und Religion. Jeder Mensch verfügt über einen Habitus, der im Laufe seiner sozialen Prägung entstanden ist. Der Habitus ist so etwas wie eine allgemeine Grundhaltung gegenüber der Welt, dem Leben und der Gesellschaft. Er ist ein System verinnerlichter Muster, die unser Verhalten und Denken beeinflussen. Er verleiht unserem Charakter seine Grundstruktur.

2. Die Stellung jedes Menschen in der Gesellschaft ist über sein Kapitalvolumen definiert. Es gibt drei verschiedene Kapitalsorten: ökonomisches, kulturelles und soziales Kapital. Bei dem ökonomischen Kapital sind es Geld und Besitz. Das kulturelle Kapital setzt sich aus Wissen, Bildung, Zeugnissen und Technikkompetenz zusammen. Zum sozialen Kapital gehören vor allem persönliche Netzwerke und Freunde. Selbst die eigenen Emotionen können im Beruf und im Alltag zum Kapital werden, etwa wenn man über eine gute Sozialkompetenz verfügt. Das Kapital und der damit verbundene Lebensstil eines Menschen geben Auskunft über seine soziale Stellung.

Der Apfel fällt nicht weit vom Stamm

Welche Einstellungen und Gewohnheiten zu Religion oder Essen hast du von deinen Eltern übernommen?

Haben deine Freunde einen ähnlichen Kleidungsstil, mögt ihr die gleiche Musik oder die gleichen Filme?

3.

Wir unterscheiden uns von anderen, indem wir uns zugehörig fühlen. Durch die Wahl der Menschen und Gegenstände, mit denen wir uns umgeben, unterscheiden wir uns von anderen und zeigen zugleich, mit wem wir uns verbunden fühlen. Geschmack und Konsum sind die zwei wichtigsten Mittel, um sich bestimmten Gruppen zugehörig zu fühlen und um sich von anderen Gruppen abzugrenzen. Bei Mode wird das besonders sichtbar. So kann man zum Beispiel beobachten, wer welche Marke und welche Farbe trägt. Vielleicht will man damit sogar eine Haltung gegenüber der Welt und Gesellschaft ausdrücken.

Niemand kann sich seinen eigenen Habitus frei aussuchen, meint Pierre Bourdieu. Das Individuum kann zwar subjektiv das Gefühl haben, dass es einen individuellen Lebensstil hat, allerdings ist das alles letztlich nur ein Ausdruck von sozialen Prägungen und Mustern. Im Habitus spiegelt sich die ganze Widersprüchlichkeit unserer Individualität. Denn was bedeutet es mit dieser Erkenntnis, ein Individuum zu sein? Werden wir alle zu Individuen gemacht, obwohl wir in Wirklichkeit gar nicht so individuell sind? Oder geht es bei der individuellen Abgrenzung eigentlich um etwas anderes, nämlich um unsere soziale Stellung in der Gesellschaft?

Über Geschmack lässt sich streiten

Grenzt du dich manchmal bewusst von Menschen ab, die einen anderen Geschmack haben? Wo wäre für dich die Grenze für »guten Geschmack«?

Könntest du dir vorstellen, in einem anderen sozialen Milieu zu leben, in dem andere Werte wichtig sind und die Menschen ihre Freizeit ganz anders gestalten als du?

Fühlst du dich persönlich angegriffen, wenn jemand deinen Geschmack scharf kritisiert?

IST JEDER EIN
Künstler?

Ein Performance-Künstler, der in einer Einkaufsstraße auftritt, verändert sie durch seine Kunst. Er beansprucht einen Teil des Raums für sich und schafft sich so eine Bühne mit Publikum. Künstler sprechen hierbei auch gern von einer Eroberung des öffentlichen Raums. Ist auch der Clown in der Fußgängerzone ein Künstler?

Kunst ist eine kreative Praxis um ihrer selbst willen, so eine Definition, die man von Künstlern öfter hört. Die künstlerische Tätigkeit ist ein Selbstzweck und hat keinen anderen Nutzen als sich selbst. Kunst soll frei sein, unabhängig von ökonomischen, alltäglichen und politischen Zwängen. Das Handwerk hingegen fertigt Produkte, die nützlich sein sollen. Der Designer und der Handwerker stellen Gebrauchs- und Alltagsgegenstände mit einer bestimmten Funktion her. Kann Design also keine Kunst sein, weil es einem Zweck dient? Ein Handwerk kann man in der Regel erlernen, zum Designer eine Ausbildung machen. Aber wie ist das mit der Kunst? Kann jeder Mensch ein Kunstwerk hervorbringen oder gehören besondere Fähigkeiten und Begabungen dazu?

> «Jeder Mensch ein Künstler.»
> Joseph Beuys

Der geniale Künstler ist eine Vorstellung, die im 19. Jahrhundert erfunden wurde. Damals entwickelte sich ein regelrechter Kult um das künstlerische Genie. Man dachte, dass nur wahre Genies, die außerdem von allen äußeren Anforderungen befreit sind, ein Kunstwerk erschaffen können. Und dass man als Betrachter besondere Fähigkeiten (z. B. Empfindsamkeit oder ein spezielles Wissen) braucht, um ihre Kunstwerke überhaupt verstehen und genießen zu können. Heute verschwimmen die Grenzen zwischen Kunst, Handwerk, Design und kommerziellen Produkten. Besonders die Kunst, die im Museum und bei privaten Sammlern hängt, ist keineswegs frei, sondern Teil eines globalen Markts. Kann also doch alles Kunst sein?

Der Wert von Kunst

Kann etwas Kunst sein, das außer dem Künstler niemand zu Gesicht bekommt?

Muss ich alles, was ich mag, auch schön und gut finden?

Meistens begegnen wir Kunstwerken, nur selten treffen wir den Künstler persönlich. Der wichtigste Kontext für ein Kunstwerk ist das Museum. Das klingt vielleicht banal, aber sobald etwas im Museum steht, wird es als Kunst wahrgenommen, egal ob man es gut oder schlecht findet. Wer aber entscheidet, was ins Museum kommt? Wer sagt, was Kunst ist? Für die Einordnung, Zuordnung und Bewertung von Kunstwerken sind nicht die Künstler selbst zuständig. Wesentliche Entscheider sind das Publikum und eine Gruppe aus Experten, Kuratoren, privaten Sammlern, Kunstkritikern und Kunstwissenschaftlern, die die Geschichte der Kunst immer wieder neu gestalten, beeinflussen und interpretieren. Die gesamte Geschichte der Kunst kann als eine Abfolge von Kunstwerken gesehen werden, die aufeinander reagieren und verweisen. Jedes Kunstwerk ist in eine Tradition, in eine Geschichte und in einen Kontext eingebettet. Die polemische Frage »Ist das Kunst oder kann das weg?« weist darauf hin, dass das Kunstwerk als Gegenstand für sich nicht immer einen erkennbaren Wert oder eine klare Bedeutung haben muss. Um diese zu verstehen, muss man den Kontext kennen, in dem das Werk entstanden ist und auf den es sich bezieht.

»Es ist von jeher eine der wichtigsten Aufgaben der Kunst gewesen, eine Nachfrage zu erzeugen, für deren volle Befriedigung die Stunde noch nicht gekommen ist.«
Walter Benjamin

Der französische Künstler Marcel Duchamp hat 1917 ein Pissoir für eine Ausstellung in New York eingereicht. Er nannte sein Kunstwerk *Fountain*. Seine Idee wurde zwar abgelehnt und nicht ausgestellt, allerdings gilt das Pissoir heute für viele Experten als das einflussreichste Kunstwerk des 20. Jahrhunderts. Denn seitdem ist es völlig normal, dass Alltagsgegenstände Kunstwerke sein können. Ist ein Urinal wirklich Kunst? Reicht es aus, dass ein Künstler ein gefundenes Objekt ausstellt, damit es zur Kunst wird?

Der Künstler Marcel Duchamp hat mit seinem Alltagsgegenstand etwas auf den Punkt gebracht, das auch für heutige Kunstwerke wichtig ist: Es geht nicht nur darum, wie ein Kunstwerk aussieht und was es darstellt, sondern auch darum, was damit gemeint ist. Duchamp war ein Provokateur, der mit seiner Aktion zeigen wollte, dass jeder Gegenstand, sei er noch so alltäglich oder banal, zu einem Kunstwerk werden kann. Duchamp wollte, dass sich die Museumsbesucher die Frage stellen: Was unterscheidet dieses eine Pissoir

Wer bestimmt, was Kunst ist?

Ein neues Wort erfinden!

Kunsten = Kunst machen.
Ist das Kunst?

eigentlich von den Millionen anderen Pissoirs in der Welt? Bei dieser Art von Kunst geht es um das Konzept hinter dem Kunstwerk, um die Idee des Künstlers und um Fragen, die er an sein Publikum richtet. Sehr beliebt unter Künstlern ist auch das Hinterfragen ihrer eigenen Rolle. Der amerikanische Popart-Künstler Andy Warhol ging sogar soweit, dass er sich als Künstler nur für das Motiv und die Farbwahl verantwortlich sah. Die Umsetzung konnte seiner Meinung nach auch ein anderer machen. Aus diesem Grund gibt es bis heute Diskussionen über einige Warhol-Kunstwerke, weil man sich nicht sicher sein kann, ob sie wirklich vom Künstler angefertigt wurden. Man weiß nämlich, dass er seine Assistenten mit der Umsetzung beauftragte und bei der Produktion manchmal nicht einmal anwesend war.

Copy & Fake

Denk dir zwei verschiedene Situationen:

1 Du stehst vor der *Mona Lisa* im Louvre, als sich herausstellt, dass es sich um ein Fake handelt.

2 Du kaufst dir ein gefaktes Marken-Handy.

Was macht den Wert des Originals in den beiden Situationen aus? Warum ist eine Kopie, die exakt genauso aussieht, weniger wert? Ist der Wert eines Originals durch seinen Preis bestimmt?

Wozu Kunst?

Was hat man davon, wenn man sich mit Kunst beschäftigt?

Ist es für die Beurteilung von Kunst entscheidend, ob man Kunst macht oder Kunst anschaut?

Siehst du dich selbst manchmal als Künstler?

KUNST IST INTERAKTIV!

Wir alle sind Kunstkonsumenten, ob wir wollen oder nicht, denn Kunst begegnet uns fast überall. Auf der Straße, im Park, an Wänden oder im Kino. Wenn wir das Gesehene interpretieren und über unsere Erlebnisse reden, dann sind wir aktiv daran beteiligt, zu entscheiden, was wir Kunst nennen. Andererseits sind wir selbst Kunstproduzenten, wenn wir zeichnen, Musik machen oder eigene Gedichte schreiben. Kunst ist ein interaktiver Prozess zwischen Künstler, Kunstwerk und Publikum. In die Bewertung von Kunst fließen immer auch das persönliche Interesse und die eigene Lebenserfahrung ein. Deshalb hat auch jeder Mensch einen anderen Zugang zur Kunst, und während einen manche Kunstwerke direkt ansprechen, lassen einen andere Kunstwerke völlig kalt oder kommen einem sinnlos vor.

»Warum liebt man die Nacht, die Blumen, alles um uns herum, ohne es durchaus verstehen zu wollen? Aber wenn es um ein Bild geht, denken die Leute, sie müssen es ›verstehen‹.«
Pablo Picasso

WIESO IST DAS *Glück* SO SCHWER ZU FASSEN?

»Ich hasse das Thema Glück mittlerweile«, sagt Wilhelm Schmid, der bekannteste Glücksphilosoph aus Deutschland. Seit gut zehn Jahren wird er andauernd und immer wieder zu diesem Thema befragt. Wahrscheinlich ist die Nachfrage so groß, weil sich jeder Mensch schon einmal seine eigenen Gedanken über das Glück gemacht hat. Aber was ist dieses Glück, nach dem alle Menschen streben?

Glück ist ein Selbstzweck: Ich will glücklich sein, um glücklich zu sein. Wahrscheinlich ist es deshalb so schwierig zu sagen, was Glück überhaupt ist. Außerdem gibt es (mindestens) drei Probleme, wenn man versucht, Glück zu definieren:

1. Das Empfinden von Glück ist subjektiv. Was mich glücklich macht, das kann andere völlig kalt lassen oder sogar unglücklich machen. Auch wenn man alles hat, was man zum Glücklichsein braucht, heißt dies nicht, dass man auch glücklich ist.

2. Das Empfinden von Glück setzt sein Gegenteil bereits voraus. Wer Glück empfindet, muss auch Unglück oder Schmerz empfinden können. Wer nie Schmerz und Leid empfunden hat, wird auch nicht wissen, wie sich ein glückliches Leben anfühlt.

3. Es ist nicht klar, dass es überhaupt so etwas wie Glück gibt. Alles, was wir Glück nennen, könnte im Grunde etwas anderes sein: Lust, Spaß, Erfolg, Geld, Freude, Ansehen, Sex, Macht oder Ehre.

> *»Es gibt nur einen angeborenen Irrtum,*
> *und es ist der, zu glauben,*
> *dass wir da sind, um glücklich zu sein.«*
> *Arthur Schopenhauer*

PHILOSOPHISCHE GLÜCKSREZEPTE

Der deutsche Philosoph Arthur Schopenhauer glaubte, dass das Leiden der Grundzustand allen Lebens sei. Glück beschreibt er deshalb auch als die Abwesenheit von Schmerz und Leid, ein flüchtiger Moment, der niemals dauerhaft sein könne. Ist das Glück wirklich nur ein flüchtiger Augenblick? Hier sind die bekanntesten und wichtigsten Gedanken anderer Philosophen zum Glück:

Lebe wild und gefährlich!
Für Friedrich Nietzsche ist der Mensch glücklich, wenn er über sich hinauswächst. »Was ist Glück? – Das Gefühl davon, dass die Macht wächst, dass ein Widerstand überwunden wird.« Gefährlich leben und die eigenen Grenzen überschreiten, das ist für Nietzsche der höchste Genuss des Daseins.

Tue das, was deiner Natur entspricht!
Lebe im Einklang mit dir selbst und mit deiner Natur! Nach Aristoteles ist Glück nicht nur in der Theorie, sondern vor allem im alltäglichen Tun zu finden. Als ausgesprochener Optimist glaubt Aristoteles daran, dass Menschen durch tugendhaftes Handeln glücklich werden und wenn sie das tun, worin sie gut sind. Das größte Glückspotenzial liegt im Tun, wenn ich meine Tätigkeit so sehr mag, dass ich in ihr aufgehe.

Lebe im Verborgenen!
Der griechische Philosoph Epikur würde heute nicht allzu viel von Facebook und Instagram halten. Der Mensch soll sich mit seinen Freunden aus der Öffentlichkeit zurückziehen und sein Glück im Privaten finden. Höchste Form des Glücks sind Seelenruhe und die Freiheit von Schmerzen.

Achte auf deine Gedanken!
»Nicht die Dinge selbst, sondern die Meinungen über dieselben beunruhigen die Menschen.« Was der antike Philosoph Epiktet uns damit sagen will? Oftmals sind die Sorgen und die Angst vor etwas größer als die Sache selbst!

Schau auf das, was du bereits hast!
Epikur hat beobachtet, dass Menschen dazu tendieren, sich genau das zu wünschen, was sie nicht haben. Dies führt dazu, dass man den Wert der Dinge übersieht, die man bereits hat. Außerdem: Wer nach rechts oder links schaut, wird immer wieder bemerken, dass andere Menschen mehr haben oder besser sind. Für Epikur ist das der beste Weg zum Unglücklichsein.

Jetzt!
Der Dauerbrenner unter den Glücksempfehlungen stammt von dem französischen Philosophen Albert Camus: Unser Leben ist immer jetzt! Deswegen sind auch Leiden und Glück immer jetzt. Genieße also diesen Moment! Das Glück und den Sinn des Lebens findest du nur im Augenblick.

Wozu das alles?

Frage fünf Menschen aus deinem Umfeld, was für sie der Sinn des Lebens ist!

HAT MEIN LEBEN
Sinn?

Aufstehen, Zähne putzen, Frühstücken, Arbeiten oder zur Schule gehen, Pause, wieder Arbeiten, dann Freizeit, Schlafen, Aufstehen ... jeden Tag das Gleiche und irgendwann der Tod. Wir alle werden sterben. Unser Tod ist eine der wenigen absoluten Gewissheiten, die wir im Leben haben. Weil das so ist, fand der französische Philosoph Albert Camus die menschliche Existenz absurd. Wir würden in einer sinn- und hoffnungslosen Welt leben und dennoch ständig so tun, als hätte alles einen Sinn. Hat das Leben keinen Sinn? Und ist das Leben ohne Sinn überhaupt lebenswert?

Ja, meint Albert Camus, wer sich der Absurdität der eigenen Existenz bewusst wird, kann auch das eigene Leben als sinnvoll erfahren. Wer bin ich? Wer will ich sein? Und was ist mir wichtig? Wahrscheinlich kennt jeder diese Fragen zum eigenen Leben. Erst die Erfahrung des Absurden gibt uns die Möglichkeit, ganz frei von allen Zwängen und äußeren Einflüssen über den Sinn unseres Lebens nachzudenken. Und ist es nicht der Tod, der das Nachdenken darüber besonders anregt? Für Albert

> »Aber könnte nicht das Leben eines jeden Individuums ein Kunstwerk sein?«
> Michel Foucault

Camus war die Absurdität unserer Existenz ein Beweis dafür, dass es keinen vorgegebenen Sinn gibt. Der Mensch ist nicht auf einen bestimmten Sinn festgelegt. Darin liegt seine Freiheit, aber auch die große Verantwortung, sich den Sinn im Leben selbst zu geben. Das bedeutet auch, sich keinen Sinn von außen vorsetzen zu lassen. Die Erfahrung des eigenen Sinns gibt jedem Menschen die Freiheit, sich nicht für fremde Zwecke, und seien sie noch so hoch und überzeugend, gegen den eigenen Willen einspannen zu lassen.

So wie Kunst keinen eindeutigen Gebrauchswert oder Zweck hat, genauso hat das Leben keinen eindeutigen Sinn. Vielleicht ist »Sinn« auch gar nichts, das zur Existenz noch hinzukommt. Der Sinn gehört vielleicht einfach zur Existenz dazu und ist davon gar nicht zu trennen. Er ist zwar nicht festgelegt oder vorgegeben, aber er könnte in der Existenz selbst angelegt und genau deswegen so schwierig zu finden sein. Die Kunst und der Tod zeigen uns, dass es etwas gibt, das außerhalb unserer tagtäglichen Erfahrungen liegt.

Was, wenn ...

... du morgen stirbst, was würdest du heute noch tun?

»Es gibt nur ein wirklich ernstes philosophisches Problem: den Selbstmord. Sich entscheiden, ob das Leben es wert ist, gelebt zu werden oder nicht, heißt auf die Grundfrage der Philosophie antworten.«
Albert Camus

Quellen

Ins Abenteuer des Denkens springen

S. 11 Textauszug aus: Ludwig Wittgenstein, Schriften 1. Tractatus logico-philosophicus. Tagebücher 1914–1916. Philosophische Untersuchungen. © Suhrkamp Verlag Frankfurt am Main 1960. Alle Rechte bei und vorbehalten durch Suhrkamp Verlag Berlin.

S. 12 Zitat aus: Hannah Ahrendt: Werke, Denken ohne Geländer © 2005 Piper Verlag GmbH, München.

Ich

S. 14 und 15 Zitate aus: René Descartes: Betrachtungen über die Grundlagen der Philosophie, übersetzt von Ludwig Fischer.

S. 16 Zitat aus: Walter Benjamin: Über den Begriff der Geschichte.

S. 18 Gedankenexperiment nach: Frank Jackson: »What Mary Didn't Know«. In: Journal of Philosophy (83), 1986.

Mensch

S. 24 Zitat aus: Hermann Diels, Walther Kranz (Hrsg.): Die Fragmente der Vorsokratiker, übersetzt von Hermann Diels.

S. 26 Zitat aus: Jean-Paul Sartre: Der Existentialismus ist ein Humanismus: Und andere philosophische Essays 1943–1948. Reinbek bei Hamburg: Rowohlt 2000.

S. 28/29 Fähigkeiten-Liste nach: Martha C. Nussbaum: Gerechtigkeit oder das gute Leben. Frankfurt am Main: Suhrkamp 1998; sowie Martha C. Nussbaum: Fähigkeiten schaffen. Neue Wege zur Verbesserung menschlicher Lebensqualität. Freiburg: Karl Alber Verlag 2015.

Natur

S. 37 Zitat nach: Aldo Leopold: »Thinking like a Mountain«. In: A Sand Paper County Alamanac, and Sketches Here and There, übersetzt von Jörg Bernardy.

S. 38 Zitat aus: Henry D. Thoreau: Walden oder Leben in den Wäldern, übersetzt von Wilhelm Nobbe.

Tiere

S. 42 Zitat Arthur Schopenhauer: Psychologische Bemerkungen. In: Parerga und Paralipomena II.

Freundschaft

S. 52 Zitat aus: Ralph Waldo Emerson: Essays. Erster Teil, übersetzt von Jörg Bernardy.

Sprache

S. 63 Textauszug aus: Ludwig Wittgenstein, Schriften 1. Tractatus logico-philosophicus. Tagebücher 1914–1916. Philosophische Untersuchungen. © Suhrkamp Verlag Frankfurt am Main 1960. Alle Rechte bei und vorbehalten durch Suhrkamp Verlag Berlin.

S. 64 Gedankenexperiment nach: William James: Pragmatismus. Hamburg: Meiner 2016.

S. 72 Zitat aus: Paul Watzlawick: Menschliche Kommunikation: Formen, Störungen, Paradoxien. Bern: Huber 2011.

Liebe

S. 77 Zitat aus: Kurt Tucholsky: »Rosa Bertens«. In: Die Schaubühne, 07.05.1914.

S. 81 Zitat aus: Judith Butler: »The body you want: An interview with Judith Butler«. In: Artforum, November 1992, übersetzt von Jörg Bernardy.

Gesellschaft

S. 88 Zitat aus: Thomas Hobbes: Leviathan. Hamburg: Meiner 1996.

S. 90 Zitat aus: Walter Benjamin: Über den Begriff der Geschichte.

S. 92 Zitat aus: Karl Marx, Friedrich Engels: Das kommunistische Manifest: Eine neue Edition. Hamburg: Argument Verlag 2010.

S. 97 aus: Karl Marx, Friedrich Engels: Thesen über Feuerbach. Dieses Zitat hat Karl Marx von dem französischen Sozialisten Louis Blanc übernommen.

S. 99 aus: Karl Marx: Kritik des Gothaer Programms.

Medien

S. 104 Zitat aus: Marshall McLuhan: »Geschlechtsorgan der Maschinen. PLAYBOY-Interview mit Eric Norden« In: Absolute McLuhan. Orange Press 2011.

S. 107 Zitate aus: Marshall McLuhan: Die magischen Kanäle. Understanding Media. Dresden: Verlag der Kunst. 1995.

S. 108 Zitat aus: Marshall McLuhan: Die magischen Kanäle. Understanding Media. Dresden: Verlag der Kunst. 1995.

S. 110 Zitat aus: Alain de Botton: Die Nachrichten. Frankfurt am Main: Fischer 2015.

S. 116 Zitat aus: Georg Franck: Ökonomie der Aufmerksamkeit. München: Hanser 1998.

S. 119 Textauszug aus: Michel Foucault, Überwachen und Strafen. Übersetzt von Walter Seitter. © der deutschen Ausgabe Suhrkamp Verlag Frankfurt am Main 1976.

Sinn

S. 122 Textauszug aus: Michel Foucault, Sexualität und Wahrheit. Erster Band: Der Wille zum Wissen. © der deutschen Ausgabe Suhrkamp Verlag Frankfurt am Main 1987.

S. 127 Zitat nach dem Vortrag: Joseph Beuys: Jeder Mensch ein Künstler. Auf dem Weg zur Freiheitsgestalt des sozialen Organismus. 1978.

S. 129 Zitat aus: Walter Benjamin: Das Kunstwerk im Zeitalter seiner technischen Reproduzierbarkeit.

S. 131 Zitat aus: Pablo Picasso: 13 Tage im Leben von Pablo Picasso. Ein Film von Pierre Daix, Pierre Philippe, Pierre-André Boutang. Arte Edition 2006.

S. 132 Zitat aus: Wilhelm Schmid: »Ich hasse das Thema Glück mittlerweile«. Interview mit Iris Radisch. In: DIE ZEIT, Nr. 52 (23.12.2015).

S. 133 Zitat aus: Arthur Schopenhauer: Die Welt als Wille und Vorstellung.

S. 133 Zitat aus: Friedrich Nietzsche: Der Antichrist.

S. 134 Zitat aus: Epiktet: Handbüchlein der Moral, übersetzt von C. Hilty.

S. 135 Textauszug aus: Michel Foucault, Schriften in vier Bänden. Dits et Ecrits. Band IV. 1980–1988. © der deutschen Ausgabe Suhrkamp Verlag Frankfurt am Main 2005.

S. 136 Zitat aus: Albert Camus, Der Mythos des Sisyphos. Deutsche Übersetzung von Vincent von Wroblewsky. Copyright © 1999 Rowohlt Verlag GmbH, Reinbek bei Hamburg.

Jörg Bernardy,

geboren 1982, hat in Philosophie promoviert und beschäftigt sich mit dem kreativen Potenzial von philosophischen Ideen zwischen Theorie und Praxis. Als freier Autor lebt er in Hamburg und war zuletzt als Redakteur für die ZEIT Akademie tätig. Herzlichen Dank an Matthea Dörrich für ihr großartiges Lektorat und besonders für die zahlreichen Gespräche über die typisch menschliche Brille, von der wir bis heute nicht wissen, ob sie wirklich existiert.

Linda Wölfel,

lebt als Illustratorin und Musikerin in Berlin. Ihr Studium an der Hochschule für Künste Bremen schloß sie mit einem Diplom in Design ab und arbeitet seither als freie Gestalterin vorrangig für Magazine und Verlage. Sie liebt Berge und sammelt kanarische Sukkulenten.

MIX
Papier aus verantwor-
tungsvollen Quellen
FSC® C089473

Dieses Buch ist erhältlich als:
ISBN 978-3-407-82220-8 Print
ISBN 978-3-407-74750-1 E-Book
© 2017 Beltz & Gelberg

in der Verlagsgruppe Beltz · Weinheim Basel
Werderstraße 10, 69469 Weinheim
Alle Rechte vorbehalten
Illustration: Linda Wölfel
Lektorat: Matthea Dörrich
Neue Rechtschreibung
Umschlaggestaltung: Linda Wölfel
Herstellung: Sarah Veith
Satz und Layout: Linda Wölfel
Druck und Bindung: Beltz Bad Langensalza GmbH,
Bad Langensalza
Printed in Germany
1 2 3 4 5 21 20 19 18 17

Weitere Informationen zu unseren Autoren und
Titeln finden Sie unter: www.beltz.de

DUFTENDE WÖRTER SAMMELN, GEDICHTE STICKEN, AUS SICHT EINER Topfpflanze ERZÄHLEN

Katarina Kuick / Ylva Karlsson

Schreib! Schreib! Schreib!

Die kreative Textwerkstatt

Übersetzt von Gesa Kunter
Klappenbroschur, 144 Seiten
Beltz & Gelberg (82124)

Fotos, Collagen, Illustrationen: Dieses Buch lässt die Fantasie sprudeln und ermutigt, verrückte Ideen auf Papier zu bringen. Zitate und Insider-Tipps von Autoren lassen den Leser in die Welt der Literatur eintauchen. Ganz nebenbei wird spielerisch und praxisnah das Handwerkszeug zum Kreativen Schreiben vermittelt, von Stilmitteln bis zur Erzählstruktur, von der Titelfindung bis zur Überarbeitung. Mit schnellen Übungen für alle Sinne und überraschendem Inspirationsmaterial macht diese Schreibwerkstatt Lust, sofort loszutexten.

www.beltz.de

Nachhaltigkeit
IST MEHR ALS NUR BIO

Sonja Eismann / Nina Lorkowski

Fair für alle!

Warum Nachhaltigkeit mehr ist
als nur »bio«

Gebunden, 160 Seiten
Beltz & Gelberg (82179)

www.beltz.de